JUDEUS NÃO CONTAM

DAVID BADDIEL

Tradução de Roberta Sartori

JUDEUS NÃO CONTAM

Avis Rara

Diretor editorial **PEDRO ALMEIDA**

Coordenação editorial **CARLA SACRATO**

Preparação **TUCA FARIA**

Revisão **BARBARA PARENTE**

Diagramação e adaptação de capa **VANESSA S. MARINE**

DADOS INTERNACIONAIS DE CATALOGAÇÃO NA PUBLICAÇÃO (CIP)
JÉSSICA DE OLIVEIRA MOLINARI CRB-8/9852

Baddiel, David
    Judeus não contam / David Baddiel ; tradução de Roberta Sartori. — São Paulo : Faro Editorial, 2023.
    128 p. : il.

ISBN 978-65-5957-430-8
Título original: Jews don't count

1. Antissemitismo 2. Judeus - Condições sociais 3. Justiça social I. Título II. Sartori, Roberta

23-4408   CDD 305.8924

ÍNDICES PARA CATÁLOGO SISTEMÁTICO:
1. ANTISSEMITISMO

FARO EDITORIAL

1ª edição brasileira: 2023
Direitos de edição em língua portuguesa, para o Brasil, adquiridos por FARO EDITORIAL
Avenida Andrômeda, 885 - Sala 310
Alphaville — Barueri — SP — Brasil
CEP: 06473-000
www.faroeditorial.com.br

*Para minha mãe, Sarah Fabian-Baddiel, que nunca
deixou de fazer-se contar.*

JUDEUS NÃO CONTAM

Vou dar alguns exemplos de um fenômeno recorrente. Comecemos com um exemplo literário. Em agosto de 2020, o jornal britânico *The Observer*, que junto com seu jornal irmão *The Guardian* é politicamente o meio de comunicação tradicional mais progressista do país, publicou uma resenha do primeiro romance do roteirista Charlie Kaufman, *Antkind*, feita por uma crítica chamada Holly Williams. A resenha, não muito positiva, criticava o livro principalmente porque o narrador opera a partir do que Williams chama de "perspectiva do homem-branco--cis-het". Em outras palavras, evidentemente masculino, branco e, menos evidentemente, possuidor de um gênero que não é nem trans nem não binário, e uma sexualidade que é hétero. Qualquer um que ocupa esse quadrado de características é considerado – por aqueles que assumem que todas as estruturas sociais são sustentadas pelo poder – privilegiado. Homens-brancos-cis-hets têm quatro vantagens na vida. Um livro escrito a partir de uma perspectiva homem-branco-cis-het seria rotineiramente marcado por uma plataforma como o *Observer*, ansioso para sempre recentralizar a conversa cultural fora daquele quadrado.

No entanto, o narrador em *Antkind* se chama B. Rosenberger Rosenberg. Ele se descreve logo no início como tendo uma barba "rabínica", tal qual a "aparência judaica"; talvez ainda mais revelador seja quando, a certa altura, ele usa uma gravata com o slogan "100% *kosher*". Existem inúmeras ocasiões em que outros personagens se comportam de um modo antissemita em relação a ele, assumindo que seus comportamentos correspondem aos estereótipos judaicos, sussurrando "judeu" quando ele sai dos lugares ou gritando "Vai se foder, judeu!" diretamente para ele. Mas na resenha do *Observer*, não há menção de sua identidade judaica, ou à questão da identidade judaica no livro em geral, apesar de incluir – obrigado, Kindle – sessenta menções da palavra "judeu" e noventa da palavra "judaico". E, claro, o próprio Charlie Kaufman é judeu.

Mas acho que para Holly Williams nada disso tem relação alguma com a perspectiva homem-branco-cis-het de B. Rosenberger Rosenberg: isto é, nenhuma relação com seu privilégio.

Aqui está outro exemplo, desta vez da comediante dinamarquesa Sofie Hagen. Em um curta-metragem – muito bom – de 2019 que fez sobre positividade corporal, Hagen recita uma lista das "pessoas mais oprimidas da sociedade", que inclui: "pessoas negras e pessoas de cor, pessoas *queer*, pessoas trans, muçulmanos e pessoas com deficiência". O que, de fato, é uma boa tentativa de cobrir a margem daquilo que muitos progressistas considerariam os grupos mais oprimidos, as minorias mais perseguidas da sociedade.

Mas a lista deixa escapar uma minoria perseguida, uma das minorias mais perseguidas da história. Agora, imagine que o personagem principal de *Antkind* pertencesse a alguma dessas minorias mencionadas por Hagen. A premissa central da resenha do *Observer* – que a questão problemática com o *Antkind* é que ele é escrito a partir de uma perspectiva homem-branco-cis-het – se dissolveria, e com ela a maior parte da negatividade da resenha. O que significa que, apesar do histórico de perseguições, há apenas uma minoria que, para os checadores de privilégios, permanece firme no quadrado do privilégio.

Hora de um exemplo altamente literário: no ano-novo de 2017, a BBC Radio 4 transmitiu a leitura de Jeremy Irons da coleção completa de poemas de T. S. Eliot, quase na íntegra. Quem conhece a poesia de Eliot sabe que a leitura de todos os seus poemas significa a inevitável inclusão destes versos de "Gerontion":

> Minha casa é uma casa dizimada,
> E no peitoril da janela acocora-se o judeu, o dono,
> Desovado em alguma taberna de Antuérpia, coberto
> De pústulas em Bruxelas, remendado e pilhado em Londres.

E de "Burbank com um Baedeker: Bleistein com um charuto":

> Os ratos estão debaixo das pilhas
> Os judeus estão debaixo do lote.

Lembro-me de ouvir e de me perguntar como a BBC contornaria isso. Quando o assunto eram esses poemas específicos, eles contaram com a ajuda de Anthony Julius, um advogado judeu e autor de *T. S. Eliot, Anti-Semitism and Literary Form* (1995), que prefaciou as leituras com sua teoria de como o altamente dominante antissemitismo da moda da época caracterizou e possivelmente até aprimorou o trabalho de Eliot. Para simplificar consideravelmente, Julius acredita que Eliot foi um poeta tão grande que ele poderia – quase exclusivamente, embora haja, é claro, *O mercador de Veneza* – transformar o antissemitismo em arte.

Escrevi para Anthony Julius a esse respeito, porque acho que a posição dele está errada. Sou fã de Eliot, mas acho que a poesia não redime o ódio. Acabamos almoçando, algum tempo depois, e conversando sobre isso por três horas (uma reação, se me permite dizer, muito judaica à coisa toda).

Mas nada disso abalou a sensação que tive, no ano-novo de 2017, de que, por melhor que seja o escritor, por melhor que seja a escrita, nenhum outro grupo minoritário seria comparado a ratos ou vislumbrado como qualquer outro estereótipo racista negativo semelhante na Rádio 4. Não é inconcebível que a BBC possa ler um livro inteiro de Agatha Christie no ano-novo. É, no entanto, inconcebível que alguém ouça a voz de Jeremy Irons dizendo: "E agora, *Ten Little N★★★★rs*[1]".

Enquanto isso, em meados de 2020, após a onda de estátuas sendo derrubadas como parte dos protestos do Black Lives Matter, um manifestante em Broadstairs, Kent – muito distante de Minneapolis –, pichou as palavras "Dickens era racista" no Museu Charles Dickens. O manifestante se chamava Ian Driver, e sua inspiração foi uma carta que Dickens havia escrito condenando o motim indiano de 1857. A carta é, sem dúvida, racista. No entanto, é estranho que Ian Driver tenha que ir até um texto relativamente obscuro de Dickens para se inflamar por seu racismo, quando, em *Oliver Twist*, à vista de todos, por anos e anos e anos, está Fagin.[2]

Mas talvez ele não conte.

---

1. O termo com os asteriscos é a palavra "*niggers*/negros". A tradução do título é "Os dez negrinhos". (N. T.)

2. Em seu livro, Dickens se refere várias vezes a Fagin, o explorador de crianças, como "o judeu", embora mais tarde tenha revisado o romance para minimizar a religião e etnia do personagem. (N. T.)

A conversa cultural moderna sobre a reavaliação de grandes escritores do passado à luz do entendimento político atual nem sempre é negativa. No caso, por exemplo, da romancista Edith Wharton, do início do século xx, essa reavaliação recentemente tratou de elevar seu *status* no cânone, com a sensação de que, como mulher, ela havia sido negligenciada. No final de 2020, o grupo de leitura *on-line* do *Guardian* escolheu *A época da inocência*, de Wharton, como seu livro para setembro. Enquanto isso, no *Times*, Anna Murphy escreveu a respeito de seu amor por *A casa da felicidade* e, especificamente, sobre como se sentia satisfeita por Wharton estar finalmente sendo reconhecida como à altura de Henry James.

É certamente verdade, com algumas exceções notáveis, que as mulheres autoras não receberam o devido reconhecimento da cultura; dessa forma, essa reavaliação de Wharton me fez decidir pegar *A casa da felicidade*. Eu estava gostando muito das aventuras da heroína, Lily Bart, nas primeiras páginas, até que um personagem chamado sr. Rosedale – "o mesmo judeuzinho que havia sido servido e rejeitado na sociedade uma dúzia de vezes" – é apresentado. A questão não é, obviamente, que Wharton, em seu tempo e contexto, tenha escrito coisas que hoje consideraríamos antissemitas. A questão é que isso não é um problema para sua atual valorização feminista. Enquanto isso, outros tipos de racismo que sua escrita possa expressar continuam, para alguns, a sê-lo. Em um ensaio para o site feminista *Jezebel*, a estudiosa literária vitoriana Rachel Vorona Cote escreve: "Excluindo o que os personagens de Wharton – ou, aliás, a própria Wharton – possam ter a dizer sobre minha família judia, minha branquitude me fornece um par de cômodos pisca-piscas que ocultam os detalhes manchados. Ao voltar minha atenção para o tratamento que o romance dispensa às pessoas de cor – periférico, desdenhoso –, não consigo recuperar meu prazer descomplicado com isso".

É bom que Vorona Cote esteja questionando as suposições de Wharton. Se eu fosse questioná-la, a pergunta a fazer seria: por que excluir o que os personagens de Wharton ou a própria Wharton diriam sobre os judeus?

Aqui está outro exemplo.

Em 2019, uma produção de *A cor púrpura*, baseada no romance de Alice Walker, seria encenada como musical em Londres. Cerca de quatro semanas antes da estreia, descobriu-se que a atriz que interpretaria o papel principal de Celie, Seyi Omooba, havia postado – em 2014 – mensagens homofóbicas no Facebook. Omooba é de origem cristã evangélica, e suas postagens eram mensagens cristãs evangélicas bastante comuns sobre a pecaminosidade da atividade entre pessoas do mesmo sexo. Ela se recusou a se desculpar pelas postagens e foi demitida.

Não estou interessado, para os propósitos deste livro, nos erros e acertos gerais da cultura do cancelamento. Mas o importante, para os propósitos deste livro, é que Omooba *foi* cancelada, pelo menos no que dizia respeito ao show, por homofobia.

Alice Walker publicou em 2017 um poema chamado "To Study The Talmud". O Talmude é um livro de exegese do Antigo Testamento, codificado no século XIV e que contém a base de todas as regras e leis arcaicas do judaísmo: foi escrito sobretudo por rabinos. O Talmude foi ampla e incorretamente citado por antissemitas que desejam sugerir que os judeus bebem sangue cristão e promovem a pedofilia. Aqui está o que Walker escreveu:

Os góis[3] (nós) deveriam ser escravos dos judeus, e não apenas

Isso, mas desfrutar disso?

As meninas de três anos (e um dia) são elegíveis para

casamento e relações sexuais?

Os meninos são vítimas de estupro?

Mesmo o melhor dos góis (nós, novamente) deve ser morto?

Pare um momento e pense no que isso pode significar

Ou já significou

Em nosso próprio período de vida.

Walker, como Omooba, usou a religião antiga para defender e promover estereótipos e discriminação contra um grupo minoritário. Omooba diz: "Está claramente manifesto em I Coríntios 6: 9-11 o que a Bíblia diz sobre este assunto. Não acredito que você possa nascer gay e não acredito que a prática homossexual seja correta". Essa é uma posição antigay. Walker afirma que os judeus acreditam que a pedofilia, a escravidão e o assassinato de não judeus são sancionados por sua religião. Essa é uma posição antijudaica. É também, eu sugeriria, a expressão mais poderosa das duas posições ("eu não acredito" é uma declaração de opinião; "os judeus acreditam" é uma declaração – incorreta – de um fato). Omooba foi cancelada. Alice Walker – ninguém jamais sugeriu que ela deveria ser. E, claro, o musical *A cor púrpura* foi adiante.

Vivemos tempos difíceis, politicamente falando. Durante minha infância, nas décadas de 1970 e 1980, o mantra era "o pessoal é político"; agora, porém, a politização de todas as coisas por trás da política de identidade impulsionada pelas mídias sociais põe

---

3. Palavra judaica para um gentio, não judeu. (N. T.)

aquele tempo no esquecimento. Isso ficou claro em um documentário recente da BBC sobre a série dramática *Play for Today*. A série, que durou de 1970 a 1984, foi uma vitrine para peças únicas na televisão e um terreno fértil para muitos dramaturgos britânicos importantes. Lembro-me, sobre essas peças, de que elas eram muito variadas em tom e assunto, mas esse documentário, chamado *Drama Out of a Crisis*, destacou apenas aquelas que expressavam políticas radicais e questões sociais. Ele fez questão, portanto, de focar nas poucas peças da série *Play for Today* que tratavam de minorias, notadamente na obra do escritor e diretor negro Horace Ové, mas também naquela peça que, à frente de seu tempo – embora afinada com o nosso –, lidou com questões transgênero.

Em 1977, no *Play for Today*, a BBC exibiu a peça *Bar Mitzvah Boy*, de Jack Rosenthal. Ganhou o BAFTA [sigla em inglês para Academia Britânica de Cinema e Televisão; a premiação é conhecida como o Oscar britânico] daquele ano de melhor peça em um único ato. Dois anos antes, *Play for Today* exibiu *The Evacuees*, de Rosenthal, um drama sobre duas crianças judias forçadas a viver com pais adotivos não judeus durante a Segunda Guerra Mundial. Também ganhou um BAFTA, e um Emmy internacional. Porém, o mais importante para mim, como um jovem adolescente em Londres, é que essas duas peças foram o primeiro exemplo real de representação de minha vida na TV. Foi a primeira vez que vi a experiência anglo-judaica retratada com precisão em qualquer lugar da cultura britânica.

Em *Drama Out of a Crisis*, nenhuma dessas peças foi mencionada.

Às vezes, é possível ouvir em voz alta o que estou dizendo. O principal programa de atualidades da BBC, aquele que define a agenda de notícias todas as manhãs, é o *Today*, na Radio 4. Escutá-lo é obrigatório para quem se interessa por política. E a reação também é obrigatória: se algo polêmico é dito no *Today*, o Twitter pega fogo e a conversa explode.

Em 13 de março de 2019, John Zogby, pesquisador de opinião pública norte-americano, estava no ar. A certa altura, ele começou a falar sobre fissuras no Partido Democrata, especificamente em torno das opiniões da então nova deputada Ilhan Omar sobre Israel e os apoiadores dela nos EUA. O entrevistador, Justin Webb, que sempre participa no *Today*, disse, em resposta:

> Se o partido decidisse dizer a seus apoiadores: "Olha, achamos que o antissemitismo é um pouco como o modo como alguns de nosso povo podem considerar o racismo antibranco, que, na verdade, é um tipo diferente de racismo. Não é tão importante – ainda assim, é ruim –, mas não é tão importante quanto algumas outras formas de racismo", que impacto você acha que isso poderia ter?

Foi um momento estranho. Parecia menos uma pergunta e mais uma sugestão útil. O tom era: "Seria este um caminho a ser seguido para os democratas?". Webb não complementou nem contextualizou. Ele não prefaciou nem acrescentou: "Obviamente, é ofensivo dizer isso, mas talvez seja o que algumas pessoas do partido realmente pensam". Seu tom era neutro.

Zogby seguiu em frente sem de fato responder. Mas, mesmo que tivesse respondido, foi a pergunta em si que me surpreendeu. Lembro-me de ouvir e pensar: "Caramba, é raro alguém simplesmente sair falando 'o antissemitismo é um racismo de segunda classe'". Achei que ia criar polêmica. Achei que haveria uma reação intensa.

Não houve. Bem, isso não é bem verdade. Demorou um pouco, depois que eu consegui, após muito mexer com o serviço de *streaming* e os dispositivos de gravação em meu computador, gravar a pergunta e postá-la no Twitter, junto com uma sensação de meu espanto. Mesmo assim, não houve tanto barulho *on-line*, e o barulho que surgiu veio principalmente de judeus.[4]

Então, embora eu tenha dito que "Às vezes, é possível ouvir em voz alta o que estou dizendo", o que eu realmente ouvi foi o silêncio.

Um exemplo de minha vida desportiva. Em 2008, numa tarde de sábado, eu estava sentado, como sempre, com meu irmão Ivor assistindo ao Chelsea em Stamford Bridge. Fazia muitos anos que íamos lá, mas, neste caso, estávamos no Upper East Stand. O Chelsea jogava contra o Aston Villa. O jogo estava chato. No telão, apareceu o placar de mais uma partida. O Tottenham Hotspur estava perdendo para o Hull.

Ao ver aquilo, a multidão entediada começou a gritar: "Nós odiamos o Tottenham, odiamos o Tottenham". Então, com uma previsibilidade exasperante, isso se transformou na multidão cantando a palavra *"yiddo"*.[5] Para quem não sabe nada sobre esse fenômeno, eu explico: o clube de futebol Tottenham Hotspur (conhecido como Spurs) está localizado em uma área de Londres bastante habitada por judeus. Por esse motivo, os torcedores do Spurs se identificam e são identificados por outros como um clube "judeu" – embora a grande maioria deles não seja judia –, e isso leva

---

4. Uma coisa que de fato aconteceu foi que Justin Webb entrou em contato comigo, no privado, para deixar claro que, por mais que parecesse, sua intenção não era tolerar tal ideia ou apresentá-la como um caminho genuíno a seguir, mas sugerir apenas que ele existe como uma forma de pensar para muitos no Partido Democrata.

5. *"Yiddo"* é um termo antissemita para um judeu, cuja origem vem da palavra hebraica *"yiddish"* [iídiche]. https://www.urbandictionary.com/define.php?term=Yiddo. (N. T.)

a vários cânticos baseados na palavra *"yid"*. Aqueles que sabem disso costumam ainda ficar confusos, pois tendem a pensar que são apenas torcedores do Spurs cantando essa palavra "positivamente". Não é. Ela também é cantada pelos torcedores do Chelsea, Arsenal, West Ham e outros clubes *para* os torcedores do Spurs, ameaçadora e horrivelmente, junto com cantos antissemitas associados – "o Spurs está a caminho de Auschwitz", por exemplo –, e sibilando para simular o barulho das câmaras de gás.

Nessa tarde em particular, o canto da palavra *"yiddo"* foi acompanhado por certo fã, cerca de dez fileiras atrás de nós, que decidiu gritar, repetidamente: "Fodam-se, *yids* de merda! Fodam-se, *yids* de merda!". E então, só para deixar claro que por *yids* ele não queria dizer apenas "torcedores do Spurs", o sujeito mudou para "Fodam-se, judeus de merda! Fodam-se, judeus de merda!". Isso continuou por algum tempo. Eu e Ivor nos entreolhamos. Ivor perguntou: "O que devemos fazer?". Eu ignorei. Então, meu irmão, abençoado seja ele, levantou-se, virou-se e mandou o cara calar a boca. O homem respondeu, no modo clássico: "Não, você cala essa porra dessa boca". Ivor disse: "Não, cala você essa porra dessa boca!". E então, milagrosamente, ele calou. O racista calou a boca. Ao se sentar, Ivor comentou: "Acho que eu vou chorar".

No momento em que isso aconteceu, já fazia trinta anos que ouvíamos essas coisas em Stamford Bridge. Durante esse período, a cultura em torno do racismo no futebol mudou imensamente. Na década de 1970, o torcedor de futebol fanático era incrivelmente racista, e imensos passos foram dados para erradicá-lo nas décadas seguintes por organizações como a Kick It Out. Em 2008, o mundo havia definitivamente progredido. Tanto é assim que o programa do Chelsea naquele dia continha uma mensagem muito clara de que qualquer abuso racista ouvido nas arquibancadas das partidas levaria à intervenção imediata por parte dos assistentes e a um banimento perpétuo do agressor em questão.

Bem, não a *qualquer* abuso racista, ao que parece. Nenhum assistente interveio quando isso aconteceu; e nenhum banimento perpétuo foi imposto ao homem gritando "Fodam-se, judeus de merda". O mundo havia progredido. Mas parece que se esqueceu de algo; ele deixara um racismo para trás.

Quando as pessoas falam sobre antissemitismo, o que elas tendem a dar a entender é um processo ativo. Elas se referem a um ataque direcionado e específico, como nazistas ou supremacistas brancos descrevendo os judeus como vermes ou responsáveis por todo o mal do mundo. O antissemitismo, na mente da maioria, é quando há um judeu bem na mira de um atirador. Mas o que iniciei aqui foi uma série de exemplos do contrário: da ausência. De algo – de uma preocupação, de uma proteção, de uma defesa, de um grito por maior visibilidade, seja o que for – que *não* é usado para os judeus. A lista de Sofie Hagen das pessoas mais oprimidas da sociedade foi um exemplo dessa ausência, e na conferência do Partido Trabalhista, em 2019, Dawn Butler, a secretária de Estado Sombra da Mulher e da Igualdade, apresentou uma versão turbinada dessa lista. Em um empolgante final de seu discurso, Butler listou todas as pessoas que podem ser consideradas fora do convencional da sociedade que o Partido Trabalhista valorizaria e protegeria da discriminação:

> Se você mora em habitação social, se é LGBT+, se é hétero, se é um itinerante, se luta para pagar o aluguel, se usa hijab, turbante, cruz, se é negro, branco, asiático, se você é deficiente, se não tem um fundo fiduciário, se não estudou em Oxbridge [as tradicionais universidades de Oxford e Cambridge], se é da classe trabalhadora, se tem menos de dezoito anos, se tem aspirações, se trabalha, se é um cuidador, se você acha que não vai viver além dos vinte e cinco, se você se insere em qualquer outra categoria - você tem um futuro

e é digno, digno de igualdade, dignidade e respeito. E um governo trabalhista irá valorizá-lo, apenas seja o seu verdadeiro eu autêntico.

Essa lista é um pouco estranha, porque inclui uma série de categorias que já seriam consideradas convencionais, incluindo "branco" e "hétero", mas talvez Butler estivesse muito interessada em não alienar ninguém neste discurso em particular.

Não deixar *nenhum* grupo de fora.

Mas ela deixou.

★ ★ ★

Este livro não é mais um relato exaustivo do antissemitismo moderno. Trata-se de uma tentativa de determinar e detalhar algo que eu acho que é a chave para o antissemitismo moderno, que é a confusão que a esquerda faz a esse respeito. Por esquerda, a quem eu realmente me refiro são os progressistas: a coalizão dos que se definiriam como aqueles – alguns dos quais podem não ser da esquerda clássica – que estão do lado certo da história. Não tenho certeza de que essa seja uma expressão muito usada fora do discurso *on-line*, mas denota aqueles que se posicionam contra todos os "ismos" e fobias – racismo, sexismo, capacitismo, islamofobia, transfobia – e que acreditam que, no futuro, esses "ismos" e fobias serão reconhecidos como claramente aberrantes e enviados para a lata de lixo do tempo. Devo deixar claro que a expressão "todos os 'ismos' e fobias" não pretende ser condescendente ou depreciativa, é apenas um símbolo do que estou tentando dizer. Eu me definiria como progressista. Embora nunca use a expressão *"do lado certo da história"*, pois acredito que a única pessoa que realmente sabe como as coisas vão acabar nos próximos anos é o dr. Who.[6]

---

6. O personagem de ficção dr. Who é um extraterrestre excêntrico que viaja pelo tempo e espaço para resolver problemas e lutar contra injustiças. (N. T.)

É importante que isto fique claro: este livro é sobre progressistas. Os próprios progressistas, às vezes, respondem ao antissemitismo apontando para o – implícito – racismo muito pior sofrido por outras minorias em, digamos, colunas de opinião no *Daily Mail*. Um ponto bastante justo, mas não estou interessado nesses colunistas, pois o racismo deles é ativo e óbvio, e também, para ser honesto, não é meu para falar. Quero falar sobre o antissemitismo e, mais importante, o antissemitismo que precisa ser desconstruído, aquele que as declarações antijudaicas flagrantes de extrema direita não desconstroem. O que vimos até agora são exemplos de judeus sendo deixados de fora: deixados de fora, pela esquerda, da política de identidade. A política de identidade, para quem não sabe, é uma política segundo a qual as coisas tradicionais pelas quais a esquerda e a direita lutam – basicamente a economia – são superadas por questões como racismo, capacitismo e homofobia. O dever da esquerda passa a ter menos a ver com apoiar o trabalhador (embora muitos pensadores de esquerda digam que a injustiça econômica anda de mãos dadas com as injustiças perpetradas contra as minorias, algo com o que eu concordo) e mais com defender pessoas de cor e gays, e pessoas trans – todas aquelas nomeadas por Dawn Butler. Esse é o bom combate, e a esquerda é sempre um espaço combativo, definido por sua rebeldia.

Eu uso a expressão "o bom combate" deliberadamente. A esquerda sempre se considerou o lado dos mocinhos. Eu me inclino politicamente para a esquerda (quando adolescente, eu ia às reuniões da Juventude Comunista) e, portanto, não posso falar pela direita, mas me parece que as pessoas de direita se preocupam menos com uma autoimagem virtuosa. Você pode ser um conservador e acreditar alegremente que a natureza humana, conforme sugerido pela economia capitalista, é desenfreadamente egoísta, e porque isso cria sociedades livres que funcionam bem em tempos de fartura, mesmo que desigualmente, então tudo bem. O que significa que você não precisa ficar continuamente se projetando, nem projetando sua política, no terreno moral elevado. A esquerda é combativa, porque é marginal. A direita é o *establishment*, que faz da esquerda os rebeldes, os dissidentes, os revolucionários (embora essa linguagem tenha sido apropriada nos últimos anos por Donald Trump e *brexiteers*,[7] mas isso realmente é outra história).

Com a transição para a política de identidade, a causa da esquerda se tornou fragmentada. Ela passou a ter menos a ver com lutar pelas massas e mais a ver com minorias específicas. O bom combate é para todos aqueles mencionados por Dawn Butler. O discurso de Butler formou a trilha sonora do último grande vídeo de campanha do Partido Trabalhista antes das eleições gerais de 2019, no qual a questão do antissemitismo desempenhou um papel enorme. Isso significava que todos esses vários grupos pelos quais o Partido Trabalhista se comprometeu a lutar estavam presentes e tinham a aparência correta, e a exclusão, ou o esquecimento, dos judeus desse círculo foi repetidamente enfatizado até que todos entendessem.

Um círculo sagrado é traçado em torno daqueles por quem a esquerda progressista moderna está preparada para lutar, e parece que os judeus não estão nele. Por quê? Bem, há muitas respostas. Mas a básica, que sustenta todas as outras, é que os judeus são os únicos objetos de racismo que são imaginados – pelos racistas – tanto como de baixo quanto de alto *status*. Os judeus são estereotipados, pelos racistas, da mesma forma como as outras minorias são – como mentirosos, ladrões, sujos, perversos, fétidos –, mas *também* como endinheirados, privilegiados, poderosos e secretamente no controle do mundo. Os judeus são, de alguma forma, tanto sub-humanos

---

7. Aqueles que apoiam o Brexit, a saber, a saída da Grã-Bretanha da União Europeia. (N. T.)

quanto mestres secretos da humanidade. E é essa mitologia racista que está no ar quando a esquerda faz uma pausa antes de colocar os judeus dentro de seu círculo sagrado. Porque todos aqueles no círculo sagrado são *oprimidos*. E se você acredita, mesmo que um pouco, que os judeus são ricos, privilegiados, poderosos e estão secretamente no controle do mundo... bem, você não pode colocá-los no círculo sagrado dos oprimidos. Alguns podem até dizer que eles pertencem ao círculo maldito dos opressores.

Uma forma de ilustrar essas ideias submersas a respeito dos judeus é através da comida. A comida, agora, é um campo de batalha da guerra cultural. A apropriação cultural da comida – o uso de receitas e ideias originárias de culturas minoritárias por chefs e donos predominantemente brancos de restaurantes ocidentais – é um assunto muito debatido entre os progressistas, e há muitos, como a jornalista e blogueira de culinária Ruth Tam, que escreveram sobre como (no caso dela, nos Estados Unidos) "a comida de imigrantes é frequentemente tratada como turismo de desconto – uma maneira barata para os gourmets se sentirem cosmopolitas sem deixarem o conforto de sua vizinhança – ou uma fusão bem-intencionada – uma maneira elegante de os chefs americanos usarem a culinária de outras culturas para obterem lucro". Se você pesquisar no Google "comida de apropriação cultural", encontrará muito mais sobre esse assunto; e se quiser se aprofundar, adicione "chinesa", "indiana" ou "caribenha" a sua janela de pesquisa, para exemplos específicos de preocupação e raiva. A título de experiência, eu acrescentei a palavra "judia". Apesar do fato – não mítico, completamente verdadeiro – de que os judeus são obcecados por comida, e apesar da apropriação de *bagels*, fígado picado, arenque *schmaltz*, canja de galinha e carne salgada por inúmeros estabelecimentos não judeus, particularmente nos EUA, eu não descobri sequer um único *post* de blog ou artigo de jornal ou tuíte reclamando disso, ou mesmo simplesmente identificando-o como algo a ser mencionado. Encontrei alguns resultados de pesquisa, é claro. Eram artigos furiosamente acusando judeus, especificamente israelenses, de se apropriarem de comida palestina. Os judeus, em outras palavras, mesmo na arena do roubo de receitas, são identificados como os ladrões, não os roubados: os opressores, não as vítimas.

Decerto, porém, os progressistas não acreditam em todos esses mitos racistas sobre os judeus, não é? Bem. Aqui está uma imagem retuitada em 2019 pelo ator e ativista americano John Cusack.

"Para saber quem controla você, simplesmente descubra quem você não tem permissão para criticar."

— Voltaire

Não é óbvio?

Esse é um meme comum nas redes sociais. A citação é atribuída a Voltaire – que, de fato, era antissemita, e pensava que os judeus eram "asiáticos" demais para se integrarem à Europa e "mereciam ser punidos" por esse fracasso –, mas, na verdade, ele está lá apenas para dar uma legitimidade espúria às palavras. O fato é que a citação vem de Kevin Strom, um supremacista branco norte-americano e neonazista, e mostra o elemento-chave de tais declarações: provocação. A razão pela qual ativistas de extrema direita e da esquerda progressista podem concordar com essa ideia de lutar contra governantes secretos míticos e sacrossantos é que ambos gostam de se ver como rebeldes, como lutadores contra o poder, e os judeus, únicos entre as minorias no Ocidente, estão associados com poder.

A diferença entre progressistas e a extrema direita pode ser resumida em três palavras: Cusack pediu desculpas. A importância disso não é tanto o pedido de desculpas em si, mas que, ao desculpar-se, Cusack, que afirmou não ter um único osso antissemita no corpo, reconheceu a existência de um ponto cego. Isso volta ao que eu disse anteriormente sobre a diferença entre a qualidade ativa do racismo antijudaico tradicional da extrema direita e a natureza passiva da negligência progressista das sensibilidades judaicas. Mas em que ponto essa negligência – dado que vivemos em uma época em que quase qualquer microagressão contra uma minoria pode ser sinalizada como racismo – volta a ser racismo? Quão macro deve ser uma agressão contra judeus para ser vista como uma agressão? Não perceber que a imagem que Cusack retuitou é clara e violentamente antissemita é... bem, realmente é um grande ponto cego.

Cusack não está sozinho, porém, em precisar de um espelho retrovisor judeu. Depois daquele incidente com o Chelsea em 2008, eu e meu irmão, que não conseguimos ganhar nenhum apoio por parte do clube a fim de rastrear o agressor racista e puni-lo, decidimos fazer um curta-metragem chamado *The Y-Word*. Trata-se de uma produção de dois minutos, que foi para a rede, mas que também foi exibida em estádios antes das partidas. Nele, vários jogadores de futebol famosos (incluindo Frank Lampard, Ledley

King e outros) assinalam que outras palavras – a palavra com N e a palavra com P[8] – não eram mais ouvidas nos campos de futebol: então por que a palavra com Y?

Há uma série de coisas que vale a pena mencionar de passagem aqui. Foi difícil fazer o filme. Em primeiro lugar, fomos à já mencionada organização de campanha de futebol antirracista Kick It Out conversar com os integrantes. A atitude deles foi totalmente duvidosa. Sua posição básica era: isso importa mesmo? Ainda rolavam abusos por parte da arquibancada contra os jogadores negros, e eles tinham uma campanha prestes a começar contra a homofobia. Uma campanha sobre antissemitismo não vai desfocar as mensagens mais importantes? Na verdade, o sentido básico de que – deixe-me dizer aqui pela primeira vez – os judeus não contam significou que, por muito tempo, parecia que o filme não seria feito até que, surpreendentemente, Gary Lineker, um ex-jogador do Spurs, aceitou participar.

E quanto à palavra com Y, há uma razão para chamá-la assim. Porque, na verdade, apesar de todo o furor que o filme causou sobre se os torcedores do Tottenham Hotspur tinham ou não o direito de se identificar como *yids*, não tinha a ver realmente com futebol. O filme tentava questionar por que não há igualdade de condições em torno do racismo. Por que alguns racismos parecem ser considerados mais importantes – mais ofensivos, mais preocupantes, com mais necessidade de serem encerrados – do que outros. Se existisse um clube de uma parte de Londres que fosse considerado predominantemente negro, e a base de fãs predominantemente branca desse clube decidisse se autodenominar aqueles da palavra com N ou o exército da palavra com N, e isso levasse os torcedores adversários a gritar canções de ódio racistas baseadas na palavra com N de volta para esses fãs, eles seriam

---

8. No caso, o autor se refere à palavra "paki", um termo depreciativo para uma pessoa do sul da Ásia (particularmente do Paquistão), usado principalmente no Reino Unido. https://en.wikipedia.org/wiki/P_word. (N. T.)

interrompidos, e o clube, imediatamente fechado. Então, ao dar ao curta-metragem o título de *The Y-Word*, estávamos dizendo que talvez as palavras de ódio para os judeus – e *yid* é uma delas, pichada como estava no East End pelos camisas-negras de Oswald Mosley – precisassem ser consideradas tão impronunciáveis quanto as palavras de ódio para outras minorias étnicas.

Mas você já irá notar que, no último parágrafo, acabei de escrever a palavra *"yid"* por completo. E já a escrevi assim neste livro. Eu não faria isso com a palavra com P, e certamente não com a palavra com N. Isso sugere uma hierarquia de ofensa: uma hierarquia que existe até agora, mesmo neste livro que estou escrevendo. *Yid* não é considerado um discurso de ódio *tão ruim* quanto a palavra com P ou a palavra com N.

O filme gerou muito debate, e a certa altura o primeiro-ministro David Cameron ponderou dizendo que achava que os torcedores do Spurs não tinham problema em "se chamarem de *yids*". Sem contar o argumento espúrio sobre tolerância. Considere o fato de que estava bem para ele dizer a palavra, deixá-la passar por entre seus lábios. E quão nada bem ele ficaria em fazer o mesmo com a palavra com P ou com a palavra com N[9].

---

9. Um pequeno adendo: pouco depois de David Cameron dizer isso, eu compareci a um programa de debate político da ITV chamado *The Agenda*. Era apresentado por Tom Bradby e foi uma espécie de perguntas e respostas. É por isso que grandes políticos, como o primeiro-ministro, participariam: seria uma jornada mais suave. Mas Cameron, ao perceber que eu também estava no programa, se mostrou preocupado. Ele entrou na sala verde, veio direto até mim e disse: "Nós vamos falar sobre a coisa *yid*?". Ele então me falou que pensara a respeito, ou melhor, que falara a respeito com seu conselheiro, Lord Feldman, e Lord Feldman dissera "Baddiel tem razão". Desse modo, o primeiro-ministro decidiu concordar com isso. Embora não a ponto de realmente entender que usar casualmente a palavra *yid* – neste caso, na frente de um judeu – pode ser algo ruim. Ele ainda não estava nem um pouco preocupado em dizer *yid* em voz alta. Na frente de um judeu. (Fiquei tentado a dizer "Na frente de um *yid*", para ser cômico, mas isso realmente não ajudaria meu ponto.)

Esse mesmo assunto – a desigualdade de ofensa que as pessoas de pensamento de direita usam em torno de diferentes palavras de ódio – surgiu quando um amigo meu, um homem que passaria muito bem por um progressista, me questionou sobre essa premissa central do filme. Ele disse: "Mas a palavra com Y não é tão ruim quanto a palavra com N". Eu indaguei: "Por que não?". Ele: *"Porque os judeus são ricos"*.

Isso ainda me parece uma coisa incrível para um antirracista declarado afirmar (sobretudo pela suposição implícita de que os negros nunca podem ser ricos). O que meu amigo tentava dizer era que, porque os judeus têm – vamos lá, todos nós sabemos que têm – confortos, privilégios e dinheiro, eles não precisam, na verdade, das proteções do antirracismo, as mais promovidas pela esquerda.

Talvez não seja tão incrível. Alguns da esquerda, inspirados pelo pensamento marxista, concordariam. A jornalista Ash Sarkar, que é comunista, disse o seguinte em 2018, enquanto escrevia uma coluna contra a aceitação da definição de antissemitismo da Aliança Internacional de Memória do Holocausto:

> É aqui que devemos pensar muito seriamente sobre o que é a função do racismo. O antissemitismo, neste ponto da história, é experimentado sobretudo como preconceito e hostilidade em relação aos judeus como judeus, em grande parte sem aspectos de expropriação material (como o desemprego estrutural) que se manifestam em outras formas de racismo.

A sugestão aqui é que, porque os judeus têm condições materialmente melhores – não tenho certeza do que significa "sem aspectos de expropriação material" – do que outras minorias étnicas, trata-se de uma forma menor de racismo. Tudo se resume a dinheiro.

Bem. Primeiro, é sempre perigoso, por mais habilmente que se coloque isso em palavras, dizer que os judeus são ricos. Judeus, especificamente, *não são* ricos. Alguns são. E alguns não são. Um estudo da empresa de pesquisa de riqueza não partidária New World Wealth descobriu que 56,2% dos 13,1 milhões de milionários do mundo eram cristãos, enquanto 6,5% eram muçulmanos, 3,9% eram hindus e 1,7% eram judeus. Nos Estados Unidos, 48% dos hindus têm uma renda familiar anual de 100 mil dólares ou mais, e 70% têm, pelo menos, 75 mil dólares, o que os torna o grupo étnico que mais ganha dinheiro.

Mas, seja como for – e isso é muito antimarxista de minha parte –, foda-se o dinheiro. Porque o dinheiro não te protege do racismo. Como eu disse, alguns judeus *são* ricos. Meus avós, por exemplo: eles eram empresários na Prússia Oriental. Eram donos de uma fábrica de tijolos. Tinham empregados domésticos. No entanto, em sua fuga para a Inglaterra com minha mãe ainda bebê, em 1939, tudo isso havia sido roubado deles. E no final da guerra, a maior parte de sua família – e, portanto, uma grande parte da minha – tinha sido assassinada. Não importa o quão rico você seja, porque os racistas vão arrombar a porta de sua grande casa, que eles sabem que você, de qualquer modo, não merece e *só possui porque é judeu.*

Um outro pensamento sobre judeus e dinheiro. Acho que uma das razões pelas quais o antissemitismo, às vezes, não é reconhecido como tal é porque as pessoas contorcem essa associação para imaginar que não é negativa. Em 2014, três pessoas do mundo do futebol reiteraram a ideia de que os judeus são ricos. Descobriu-se que Malky Mackay, então gerente do Cardiff City, enviou uma mensagem de texto dizendo: "Nada como um judeu que vê o dinheiro escorrendo por entre os dedos". Dave Whelan, proprietário do Wigan Athletic, disse: "Os judeus perseguem o dinheiro mais do que qualquer um". E o atacante Mario Balotelli, ainda no Manchester City, repostou um tuíte em que o Super Mario é comparado a um judeu porque ele é bom em pegar moedas.

Quando foi apontado a esses homens que, possivelmente, havia algo problemático sobre esses comentários, nenhum dos três foi capaz de entender o porquê. Whelan, de fato, tentou sugerir que se tratava de um elogio, dizendo que os judeus são "pessoas astutas". Isso é revelador. E nos diz duas coisas. Primeiro, que Whelan pensa que não é um insulto vincular os judeus ao dinheiro, porque o dinheiro é uma coisa boa, não é? Em uma sociedade capitalista, admiramos as pessoas com dinheiro. Só que não. Nós invejamos e nos ressentimos daqueles com dinheiro. E nós, particularmente, invejamos e nos ressentimos daqueles com dinheiro em torno dos quais podemos criar narrativas, narrativas racistas que sugerem que há algo obscuro, ilícito e explorador sobre como eles, e todos os seus irmãos a quem estão ligados, conseguiram esse dinheiro. Em segundo lugar, isso nos diz que a maioria dos clichês sobre os judeus serem ricos não são apenas sobre eles serem ricos. A palavra "astuto" implica outra coisa. Tal como acontece com os estereótipos de Mackay e Balotelli, não se trata de fantasias de riqueza, mas de avareza: de uma capacidade inumana, obcecada e obsessiva de correr, pular, agarrar e guardar dinheiro.

Eu diria que sou um dos poucos judeus famosos do Reino Unido. Isso não significa que sou uma das poucas pessoas – mais ou menos – famosas do Reino Unido que são judias. Há um grande número delas. O que quero dizer é que sou uma das poucas pessoas neste país cuja identidade judaica é uma das principais particularidades conhecidas sobre elas. Quem mais tem por aí? Maureen Lipman, possivelmente. Vanessa Feltz. Alguns rabinos da mídia. É mais ou menos isso. Dentro da comédia britânica, há muitos

outros judeus (ou, pelo menos, pessoas com herança judaica) –
Matt Lucas, Stephen Fry, Alexei Sayle, Simon Amstell, Sue Per-
kins, Simon Brodkin, Robert Popper –, mas eu diria que só eu sou
alguém que a maioria das pessoas conheceria, se é que me conhe-
cem, como judeu. Ou seja, apenas eu fiz do fato de ser judeu parte
de minha identidade pública.

Acho que essa ausência se deve em parte ao fato de que –
até muito recentemente – ser britânico e judeu não era realmente
relevante. Os judeus podem ser o único grupo minoritário neste país que nunca foi legal. (Ao contrário de seus colegas norte-
-americanos: pense no comediante Mort Sahl ou no escritor Saul
Bellow em 1963 – legal pra caramba.[10])

Mas, além de não ser legal, também existe, em torno dos judeus
e de sua identidade judaica, alguma vergonha. Aqui está uma conversa que, certa ocasião, tive com uma mulher em um casamento:

> Mulher: Ah, você é David Baddiel. Você é judeu, não é?
>
> Eu: Sim.
>
> Mulher: Eu sou judia. Embora não seja evidente, não é? Isso é por
> causa da plástica no nariz.
>
> Eu: É...
>
> Mulher: Não costumo contar a ninguém que sou judia.
>
> Eu: Por que não?
>
> Mulher: (como se fosse óbvio) Bem... As pessoas não gostam dos judeus.

10. Isso ocorre em parte porque os judeus norte-americanos são norte-americanos – barulhentos e confiantes –, e os judeus britânicos são britânicos – re-
servados e educados (generalizações: *eu sei*). Alguém me disse certa vez que a
manchete do *Jewish Chronicle*, toda semana, é "Eles nos odeiam". Eu disse: "Não.
É 'Eles nos odeiam: e não vamos criar caso sobre isso'". A identidade judaica
britânica tem, há anos, cheiro de subúrbio. De Stanmore. A ideia de que o judeu,
como etnia, como identidade, pode ser legal, como muitos outros podem ser,
ainda parece um pouco absurda.

Por mais impressionante que tenha sido a atitude dessa convidada do casamento – sua aceitação alegre do ódio aos judeus, e também de algo ainda mais profundo: a aceitação de uma distinção padrão entre judeus e pessoas –, não acho que fosse tão incomum. A atriz Miriam Margolyes, em entrevista ao *Daily Telegraph* em 2015, disse: "Olha, ninguém gosta de judeus. Não se pode dizer que as pessoas gostem de judeus. Não somos populares. Somos inteligentes demais para que gostem de nós". Margolyes é diferente da convidada do casamento por ser francamente progressista e de esquerda, e, como muitos judeus de esquerda, carrega uma vergonha particular a respeito de Israel; mas sua declaração parece mais profunda do que isso, mais universal e eterna (ela a precedeu dizendo que "os ingleses são naturalmente antissemitas"). O que ela disse também tem outro detalhe muito judaico, que é o próprio reflexo dos judeus em relação à cultura dominante da dualidade de *status* alto-baixo projetada sobre eles: somos odiados porque somos inteligentes.

Significativamente, uma das coisas que marcam a identidade judaica como diferente de outras etnias é que ela *pode* ser escondida. Uma das muitas crenças contraditórias mantidas pelos antissemitas é que os judeus são incrivelmente, obviamente judeus – porque todos eles têm narizes grandes, pele morena e cabelos escuros e são engordados com sua própria ganância –, e, ao mesmo tempo, difíceis de detectar, que é o que permite que eles se mantenham sob o radar dos não judeus e realizem seus desprezíveis feitos secretos. Foi por isso que os nazistas conseguiram fazer caricaturas de judeus nos quais os retratavam de uma maneira muito reconhecível e uniformemente grotesca – narizes grandes, pele morena, cabelos escuros, engordados com sua própria ganância –, mas também testes extensos e complexos para detectar judeus. E, é claro, a exigência de os judeus usarem braçadeiras que os identificassem como judeus.

Essa capacidade de se camuflar é importante na omissão dos judeus da política de identidade, porque a maioria das identidades, exceto as sexuais, são praticamente impossíveis de esconder. Judeus podem se esconder; eles podem se passar por não judeus. Portanto, a suposição parece ser que, por não serem imediatamente visíveis, não sofrem racismo. Os judeus realmente não sofrem por serem considerados diferentes, porque *não parecem* diferentes. Mas considere o que a mulher no casamento falou. Ela não diz aos outros que é judia porque "as pessoas não gostam deles". O que sugeriria que os judeus realmente não sofrem por ser considerados diferentes, desde que as pessoas não saibam que são judeus: desde que eles, como gays no armário, se escondam. O que significa que os judeus só estão bem desde que possam se passar por não judeus, e que os judeus – uma vez identificados como tais – *serão* considerados diferentes.

Não sou alguém dado a esconder minha identidade judaica.[11] Minha biografia no Twitter sempre foi uma palavra: judeu.

11. Quem acompanha meu trabalho de *stand-up* e TV sabe que não costumo esconder nada. É de minha natureza ser absurda e cansativamente aberto sobre tudo em minha vida. Eu monetizei ser eu mesmo como uma carreira.

Isso ocorre por uma série de razões, e nenhuma delas tem a ver com religião. Primeiro, é engraçado. Em segundo lugar, é uma declaração contra a vergonha judaica e, de fato, a ausência judaica, contra os judeus não contarem, colocá-la – ainda que de modo cômico – na frente e no centro de minha identidade. E, número três, é uma reivindicação, mesmo que distorcida. "Judeu" tem um *status* estranho, como um palavrão. Todas as outras minorias, no processo de atenuar o discurso de ódio, estão trabalhando com palavras que não são realmente as palavras do dicionário que as descrevem. Elas estão tomando gírias e usando como insultos. *Judeu* é realmente o que eu sou. Portanto, é interessante que aqueles preocupados com a ofensa tendem a dizer "povo judeu" em vez de "judeu". Porque, embora seja a palavra correta, e não uma gíria inventada por racistas, o fato de ela estar enterrada de modo profundo em um lugar ruim no inconsciente cristão significa que, *de qualquer maneira*, parece um insulto. O ato de evitar a palavra deixa claro, na verdade – para cunhar uma expressão –, o racismo sistêmico da cultura judaico-cristã, o poder submerso que fica rondando, por causa de dois séculos de toxicidade linguística. Em uma passagem de meu romance *The Secret Purposes*, que é sobre a internação de refugiados judeus alemães na Ilha de Man durante a Segunda Guerra Mundial – algo que aconteceu com meu avô, e uma parte da história britânica tão pouco conhecida que por si só figura, eu sugeriria, como exemplo da ausência judaica da cultura –, uma tradutora chamada June está trabalhando na transcrição de uma entrevista que ela conduziu com uma personagem chamada Frau Spitzy, uma das poucas nazistas genuínas que compartilham a ilha com os judeus, e é isto o que acontece:

A: Eu preferiria muito mais dividir meus aposentos com homens arianos do que com mulheres judias.

June pegou sua caneta, posicionando-a acima das palavras "mulheres judias". Elas [as palavras] não estavam exatamente corretas.

A frase exata de Frau Spitzy foi *"Ich werde viel lieber meine Viertel mit Aryan Mann als Judinnen teilt"*. *Judinnen*: não *"Judische Frauen"*, que, no coração linguisticamente correto de June, ela sabia ser a verdadeira correspondência com "mulheres judias". *Judinnen*: era simplesmente o plural feminino de *Jude*, judeu, judeus mulheres... judias? Não, não deu certo em inglês – bíblico demais. E depois, tinha o timbre de Frau Spitzy, sem esforço, reflexivamente desdenhoso – de repente, ela se deu conta. Com sua caneta, June apagou as três letras, i, s, h, o sufixo, então a frase ficou assim:

A: Eu preferiria muito mais dividir meus aposentos com arianos que são homens do que com judeus que são mulheres.

Era isso. Uma mudança minúscula – apenas um rabisco da caneta –, mas fez toda a diferença. De repente, June transmitiu com sucesso o espírito ofensivo das palavras da mulher nazista. A princípio, ela se sentiu culpada e satisfeita consigo mesma, mas então percebeu, sobressaltada, que esse sempre seria o caso com o judeu substantivo em oposição ao judeu adjetivo. Um advogado judeu – um judeu que é um advogado. Um banqueiro judeu – um judeu que é um banqueiro. Um menino judeu – um judeu que é um menino. As palavras correram em sua mente, mudando de branco para preto à medida que ela as dizia. Vasculhando seu cérebro rico em vocabulário, June não conseguia pensar em outra palavra com a qual se pudesse fazer isso: usar o substantivo como um adjetivo dessa maneira. Por que a eliminação do sufixo teve tal efeito? Será que isso implicava que o orador tinha tão pouco tempo para os judeus que nem sequer daria a eles a consideração de uma gramática correta? Ou talvez... dizer que um homem é um banqueiro judeu implique que o homem é um banqueiro que, por acaso, é judeu, mas dizer que o mesmo homem é um judeu que é um banqueiro implique que ele é principalmente e sempre será um judeu, qualquer que seja seu trabalho – a palavra em si não mudará porque ele e todos os outros que compartilham

Nunca tentei esconder minha identidade judaica, exceto em uma ocasião, que envolveu *The Secret Purposes*. Logo após o lançamento do livro, em 2004, fui a uma livraria, e vi que ele havia sido colocado na seção "Interesse Judaico". Senti um desejo muito forte de tirá-lo de lá e colocá-lo em outro lugar da loja.

E não apenas na seção "Altamente Recomendado". Em entrevistas anteriores ao lançamento de *The Secret Purposes*, falei sobre como a obra era principalmente uma história de amor, além de ser tanto sobre a história britânica quanto sobre a identidade judaica. Isso porque eu não queria que ele fosse comprado e lido apenas por judeus. Portanto, foi um pouco deprimente encontrar no site da Amazon para *The Secret Purposes*, na seção "Pessoas que Compraram este Livro também Compraram", Amos Oz isto, Anita Brookner aquilo, vários livros com Hitler no título, e *How to Raise a Jewish Dog*, escrito pelos rabinos do Seminário Teológico de Boca Raton.

Todavia, realmente não acho que isso tenha sido uma tentativa de esconder minha identidade judaica. Creio que foi, na verdade, o contrário. Eu estava, isso sim, reagindo à criação, naquela livraria, de um gueto. Não havia uma seção "Interesses Asiáticos ou Negros" naquela loja. Porque isso seria delimitar essas etnias, e os autores dessas etnias, como separadas da cultura em geral. Embora houvesse uma grande consciência de que os autores de livros como *Dentes brancos* ou *Um lugar chamado Brick Lane* fossem pessoas de cor, e isso seria uma coisa positiva, não faria sentido, em uma livraria, que essas obras ocupassem um espaço de alguma forma separado-do-resto-da-categoria-ficção-britânica-moderna. Na verdade, era o oposto: tais romances foram/são aclamados – corretamente – como exemplos principais da nova grande escrita britânica, produtos de uma diversidade simplesmente representativa de como a Grã-Bretanha é agora.

Não consigo pensar em um romance judeu britânico em que esse seja o caso (nos EUA, novamente, é diferente, de Saul Bellow e Philip Roth a Jonathan Safran Foer e Nicole Krauss). O romancista judeu mais famoso da Grã-Bretanha é Howard Jacobson, que ganhou o Prêmio Man Booker por *A questão Finkler* em 2010. Mas, embora ele tenha ganhado o Booker, suas obras ainda são vistas fundamentalmente como romances judaicos, e não expressão, em termos sociais, de qualquer coisa para além dessa etnia. Se você quiser encontrar um livro que *seja* considerado inteiramente metonímico do país agora, não procure além do vencedor do Prêmio Booker de 2019, *Garota, mulher, outras*, de Bernardine Evaristo, sobre quem o *New Statesman* disse: "Se você quiser entender a Grã-Bretanha moderna, essa é a escritora a ser lida". Você não encontrará uma sinopse como essa no verso de *A questão Finkler*, ou em qualquer outro romance britânico cuja identidade judaica esteja em destaque.

O problema é que os judeus ocupam uma área sociocultural cinzenta. Os judeus, embora marginais, não são considerados *marginalizados*. Isso significa que os judeus não podem ser vistos como representantes de uma Grã-Bretanha moderna que pretende levar experiências marginalizadas para a corrente dominante. Os judeus, portanto, no que diz respeito aos progressistas, não *representam* nada fora de si mesmos. Nenhuma vitória é reivindicada ao defender sua experiência, e isso leva a uma sutil – e inconsciente – exclusão.

Às vezes, as atitudes inconscientes dos progressistas em relação aos judeus se manifestam de maneiras estranhas, como quando Jeremy Corbyn, o então líder do Partido Trabalhista, mencionou, em um debate na TV, o nome do pedófilo e traficante sexual Jeffrey Epstein como "Epshteen".[12] Isso foi considerado, por alguns, como inconscientemente destacando a identidade judaica de um personagem muito desagradável. Como não sou o psiquiatra de Jeremy, não faço a menor ideia de se o antissemitismo estava em seu subconsciente aqui ou não, mas, quando eu disse no Twitter[13] "Todos os judeus notaram isso" – um truísmo –, os seguidores de Corbyn protestaram em massa contra mim.

São os protestos, e não a pronúncia propriamente dita de Corbyn, que demonstram as atitudes inconscientes. Essas pessoas que protestam contra mim seriam as mesmas que repreenderiam o jornalista Piers Morgan se ele, digamos, afirmasse que não há nada de racista no modo como a imprensa britânica trata Meghan Markle. Essas mesmas pessoas salientariam imediatamente que Morgan não pode falar sobre racismo contra pessoas de cor, pois nunca sofreu isso – definir esse racismo é prerrogativa daqueles que passam por qualquer racismo específico. *Eles* podem dizer o que é e o que não é racista, e Piers Morgan não.

Após esse tuíte, Laura Murray, chefe de reclamações do Partido Trabalhista, escreveu um e-mail muito educado para mim, dizendo que esperava que eu realmente não pensasse que a pronúncia de Corbyn de Epstein como Epshteen tivesse algum significado, subconsciente ou não. Não foi o que eu disse. Minha afirmação foi: "Todos os judeus notaram isso". Vivemos agora em

---

12. Essa é a pronúncia em iídiche. (N. T.)

13. Haverá algumas referências neste livro ao Twitter. Peço desculpas a todos os leitores que não estão nele. Mas, para o bem ou para o mal, a verdade é que a maior parte da conversa cultural sobre política de identidade ocorre nas redes sociais hoje em dia, e provavelmente, na maioria das vezes, nessa plataforma.

uma cultura na qual o impacto é mais importante do que a intenção; onde como as coisas são tomadas é mais significativo do que aquilo que elas significam. É preciso ouvir as pessoas sobre as quais se fala, e não aquele que fala – e o poder, ao longo da história, tendeu a estar com aquele que fala, a pessoa com a plataforma, e não com aquele de quem se fala, que geralmente é o afetado.

Não sei se isso é bom ou não. Mas é algo. Simplesmente existe: nosso discurso se deslocou em favor do que é mencionado. É um artigo de fé progressista – muito intensificado durante os protestos do Black Lives Matter após o assassinato de George Floyd em 2020 – que aqueles que não vivenciam o racismo precisam ouvir, aprender, aceitar, e não desafiar, quando outros falam sobre suas experiências. Exceto, ao que parece, quando são os judeus que fazem isso. Os não judeus, incluindo os não judeus progressistas, ainda ficam muito felizes em dizer aos judeus se o que foi dito sobre eles era de fato racista ou não.

Isso ocorre em parte porque o racismo antijudaico não é, na mente de muitos, racismo. Afinal, tem um nome diferente, e ouve-se falar o tempo todo de "antissemitismo e racismo". Isso tem valor, de certa forma, porque nem todos os racismos *são* iguais. O racismo contra pessoas de cor é diferente do racismo contra judeus. A questão deste livro é por que uma diferença de espécie deveria equivaler a uma diferença de significado.

Infelizmente, a separação do antissemitismo do racismo também cria para alguns uma sensação de que se trata de algo totalmente diferente. Quando falo *on-line* sobre racismo contra judeus, as pessoas – tanto da esquerda quanto da direita –, às vezes, decidem se opor dizendo que os judeus não são uma raça, e, portanto, não podem sofrer racismo. Esse é um velho boato, em geral empregado por aqueles que aprenderam que o racismo é ruim, mas não podem estender esse sofrimento aos judeus: e assim eles rebaixam a categoria de antissemitismo para a de intolerância religiosa. O que lhes dá mais liberdade para com os judeus, já que a intolerância religiosa *não é tão ruim* quanto o racismo. (Na verdade, a intolerância religiosa quase poderia ser vista como uma coisa boa nessa visão, uma vez que a religião é um sistema de crenças com poder e dinheiro associados, digno de sátira e zombaria.)

Só que o antissemitismo tem muito pouco a ver com religião. Como eu já disse muitas vezes, sou ateu, e, no entanto, a Gestapo atiraria em mim amanhã.[14] Os racistas que não gostam de judeus nunca perguntam ao judeu de quem estão abusando com que frequência ele vai à sinagoga. Eles apenas veem o nome judeu e sabem. Por isso é racismo. A identidade judaica de alguém, assim como a cor da pele, é um acidente de nascimento, e, no que diz respeito aos racistas – e eles, infelizmente, são as pessoas que importam no que concerne ao racismo –, não é possível se livrar disso.

Quando meu amigo progressista afirma "Mas a palavra com Y não é tão ruim quanto a palavra com N", por mais espantado que eu possa ficar, em algum nível, não fico. Em algum nível, na verdade, sou grato a ele por expor a discrepância de atitude em relação a diferentes racismos de forma tão clara. E esse pensamento é: "Sim, tudo bem, o antissemitismo não é legal, mas não vamos compará-lo ao racismo contra negros e pardos. Judeus são, afinal, brancos. Não são?".

---

14. Não sei ao certo por que digo amanhã, pois, sem dúvida, eles atirariam em mim hoje, mas amanhã parece mais apropriado. Isso pode ser por assistir a muitos filmes em que nazistas encontram judeus escondidos e depois os levam a algum lugar para serem fuzilados.

Muitos progressistas diriam que sim. Mear One – nome verdadeiro de Kalen Ockerman – é o artista de rua que pintou o mural que estaria no centro de um capítulo específico de algum livro intitulado "Ele é um antissemita *versus* Não, ele não é, essa é uma difamação nojenta": o livro, em outras palavras, que o ex-líder do Partido Trabalhista Jeremy Corbyn poderia ter escrito. Esse mural, que mostrava uma trupe de banqueiros capitalistas jogando Banco Imobiliário nas costas dos pobres do mundo, foi retirado pelo prefeito de Tower Hamlets em 2012, após reclamações de judeus locais. Mear One, é claro, é um progressista *completo*. Ele não poderia ser mais *woke*.[15] Quero dizer: ele é um artista de rua.

E ainda assim, seu mural era racista. Ou, pelo menos, os judeus pareciam pensar assim. Como pode ser isso? Para colocar de modo estúpido, como alguém aparentemente de esquerda pode ser acusado de algo aparentemente de direita?

A própria reação de Mear One à repercussão de seu mural foi instrutiva. Ele disse: "Alguns dos judeus brancos mais velhos da comunidade local tiveram problemas comigo retratando seus amados #Rothschild ou #Warburg". Ignore o tom paternalista e insinuante ao estilo Goebbels – um que nunca seria usado por ninguém "*woke*" em relação a qualquer outra minoria étnica –, e, em vez disso, considere por que Mear decidiu adicionar *hashtags* a esses nomes.

Isso foi postado em sua página do Facebook e, portanto, esses nomes com *hashtags* podem ser clicados. O que significa que Mear não está apenas dizendo "Eu pintei Rothschild, o herdeiro de bancos judeu", mas: "Eu pintei Rothschild, o herdeiro de

15. Eu tenho evitado essa palavra até agora. Poderia ter sido mais fácil usá-la antes – como abreviação para os progressistas do lado certo da história etc. –, mas acho que ela se tornou um termo um tanto indolente e muito utilizado nos últimos tempos, sobretudo como um afiador de garras para os guerreiros da liberdade de expressão. Além disso, a palavra se originou no movimento dos direitos civis, e respeito esse uso. No entanto, acho que descreve como Mear One veria a si mesmo.

bancos judeu cujo nome você pode agora seguir nos cantos mais sombrios da internet, o que te ajudará a entender como esse herdeiro de bancos judeu controla o mundo".

Porém, acho que o mais importante é a adição deliberada por Mear da palavra "branco". Como sabemos, quase qualquer ataque ao *status quo* hoje em dia vem com a suposição de que o inimigo é branco, heterossexual e homem, mas o branco é o ponto alto da trilogia. Eu concordo com isso. Concordo que ser branco traz consigo enormes privilégios, muitos dos quais o branco nem sequer tem ideia.

Todavia, os judeus não são brancos. Ou não exatamente. Ou, pelo menos, nem sempre eles se sentem assim. Não me refiro apenas ao fato de que alguns judeus são descendentes do Oriente Médio, e sua melanina pode seguir o exemplo. (Embora uma de minhas primeiras piadas ao começar o *stand-up* tenha sido: "Apanhei duas vezes na vida, uma por ser judeu, outra por ser paquistanês".) Quero dizer que ser branco não tem a ver com a cor da pele, mas com segurança. Isso significa que você está protegido porque é membro da cultura majoritária. Protegido, a saber, de preconceito, discriminação, cidadania de segunda classe, espoliação e genocídio. O que os judeus – como talvez você tenha adivinhado que eu estava prestes a dizer – nem sempre foram. Então, o que Mear estava fazendo ao ignorar aquela verdade histórica sobre os judeus – chamando-os de "brancos" – era reforçar suas credenciais como Lutador pelos Oprimidos. Ele está dizendo: "Sim, estou caricaturando judeus, mas tudo bem, porque eles são Privilégio, Poder e Controle, e todas as outras coisas contidas na palavra 'branco'. Os judeus são o sistema, e meu trabalho como um artista de rua é lutar contra o sistema".

É aí que entra Jeremy Corbyn. Aqui está Jeremy, em 2012, sem detectar o menor sinal de seu destino que ainda está por se aproximar: Jeremy vê o Artista de Rua sendo destruído, e seu radar rebelde é ativado. Jeremy identifica, é claro, os velhos paralelos históricos marxistas envolvendo os nomes de Lênin, Rockefeller e Diego Rivera, e apoia Mear no Facebook.

O que ele não vê é o antissemitismo. Ele não percebe os outros paralelos históricos que você pode ter pensado serem incrivelmente óbvios: entre o mural e as representações de banqueiros judeus de nariz adunco mantendo o mundo refém para pedir resgate, publicadas todas as semanas no jornal nazista *Der Stürmer*. Ele não vê que o mural poderia ser uma capa para praticamente qualquer reimpressão de *Os protocolos dos Sábios de Sião*, o texto falso de 1903 que pretende revelar uma conspiração judaica para dominar o mundo.

Não porque Corbyn seja necessariamente, no sentido ativo ao qual já me referi, um antissemita. Ele é, como Mear One, um rebelde, um defensor dos oprimidos. Há um vídeo de Corbyn falando emocionado em uma manifestação para lembrar a Batalha de Cable Street, de 1936, na qual os fascistas de Oswald Mosley foram expulsos de sua marcha no East End de Londres. Os judeus nessa situação, cujas casas os camisas-negras de Mosley pintaram com a palavra com Y, foram claramente oprimidos. Jeremy Corbyn pode falar apaixonadamente por eles, com a voz embargada. Mas os judeus atuais, de renda média, chateados e assustados com a representação grotesca do que lhes parecem ser judeus nas paredes do mesmo East End por onde Mosley marchou – nem tanto.

Não tenho certeza, contudo, se Corbyn sequer sabia que o mural pretendia retratar os Rothschild e os Warburg. Ele não deve ter visto isso. Porque ele teria visto outra coisa primeiro: um gesto contra o poder capitalista. Essa é a chave para a acusação de antissemitismo em torno de Corbyn. Corbyn não é alguém que odeia os judeus, mas alguém – como a maioria dos progressistas, como meu amigo que afirmou que a palavra com Y não era tão ruim quanto a palavra com N – que coloca o racismo antijudaico mais abaixo na hierarquia das coisas que realmente importam. Tão baixo, na verdade, que pode nem aparecer. Um exemplo posterior disso seria a entrevista pré-eleitoral de Corbyn na TV, com Andrew Neil, na BBC 1, em 2019. Nela, Neil leu uma citação de um grupo do Partido

Trabalhista, no Facebook, que incluía as palavras "Os banqueiros Rothschild controlam Israel e os governos mundiais", e então perguntou a Corbyn se isso era algo que ele consideraria antissemita. Esse é, claro, um exemplo padrão de racismo de alto *status*: a ideia de judeus controlando o mundo por meio do sigilo e das finanças. Corbyn não diria que isso era antissemita. Ele precisou de uma série de respostas e evasivas (e isso em um momento em que seria político condenar tal declaração imediatamente) antes que por fim dissesse que poderia ser considerado uma metáfora antissemita. E aqui está o ponto. Alguém como Corbyn verá o anticapitalismo nessa frase antes do antissemitismo. Ele *pode* ser levado, de má vontade, a ver o antissemitismo, mas outra parte dele sempre ficaria profundamente resistente a ter que acabar com ou condenar uma declaração anticapitalista. O anticapitalismo está em seu cerne. Quando se aponta para ele que, às vezes, o anticapitalismo se confunde com o antissemitismo, seu primeiro instinto é proteger o anticapitalismo e rejeitar o antissemitismo com irritação.

Não seria justo, penso eu, sugerir que Corbyn tenha notado o potencial antissemitismo das imagens naquele mural para *depois* descartá-lo como irrelevante. Não estaria sequer no quadro. *Seu* quadro, ou seja: *sua* visão do mural.

No entanto, o antissemitismo *está* muito presente no quadro do mural. Há, tanto na esquerda quanto na direita, uma longa história de poder capitalista sendo representado como poder judeu. Isso se desenvolveu a partir de uma estética muito mais antiga do que o próprio capitalismo, uma na qual, pelo menos desde o final do século XIII, os judeus eram rotineiramente pintados e esculpidos como gárgulas e demônios. Nossa tradição artística – olhe para *Punch & Judy*,[16] para as bruxas, para a pantomima, para os vilões de Bond – retrata o mal como moreno e de nariz adunco.

---

16. *Punch & Judy* é um tradicional show de marionetes que faz suas apresentações na Inglaterra há mais de trezentos e cinquenta anos. (N. T.)

Temos, em nossa mais profunda inconsciência coletiva, a face de Satã – seja lá quem for nosso Satã – como a face do judeu. A esquerda, apesar de todas as suas credenciais antirracistas, nunca hesitou diante dessas imagens – o rosto judeu, o cabelo judeu, o banqueiro judeu gordo fumando seu charutão. Essa continua sendo a principal maneira de retratar o inimigo capitalista, malévolo e manipulador. E se você não consegue ver um problema nisso – se apenas pensa "Bem, é assim que nosso inimigo se parece" –, você o está aceitando. É um padrão.

Eu já falei anteriormente, *on-line*, sobre os judeus não serem brancos – cheguei até a usar a hashtag #Jewsnotwhite –, e sempre vejo alguns progressistas se irritando com a ideia. Lógico que reconheço que os judeus podem "passar" por não judeus e, portanto, podem, exceto em casos históricos, quando sua etnia for forçosamente eliminada pela imposição legal de estrelas amarelas ou de outras insígnias em suas roupas, evitar o tipo do racismo imediato e à vista que as pessoas de cor sofrem diariamente. Mas mesmo assim: os antirracistas precisam ouvir mais o inimigo. Porque o antirracismo só existe para combater os racistas; ele só tem significado quando colocado em contraste a algo. Se não houvesse racistas, não haveria antirracistas. E os racistas dizem: os judeus não são brancos. Os nazistas diziam isso o tempo todo – o projeto dos judeus, naquilo que lhes dizia respeito, era minar as raças brancas arianas. E a exclusão dos judeus da categoria de branquitude ainda é fundamental para os supremacistas brancos de hoje. Aqui está o Artigo V da Constituição de Harold Covington para o Etno-Estado, uma bíblia para os nacionalistas brancos norte-americanos: "A raça comumente conhecida como os judeus é, na cultura e na tradição histórica, um povo asiático, e não deve ser considerada Branca nem receber *status* racial Branco sob a lei".

Na verdade, essa exclusão dos judeus da branquitude é fundamental para a ideologia dos supremacistas brancos. Os tumultos de Charlottesville, em 2017, foram precipitados por um comício chamado Una a Direita. Algo que muitas pessoas notaram foi que o canto principal ao som do qual marchavam os soldados de infantaria brancos, segurando a tocha, era: "Os judeus não vão nos substituir!". A princípio, isso pareceu confuso. Postei no Twitter:

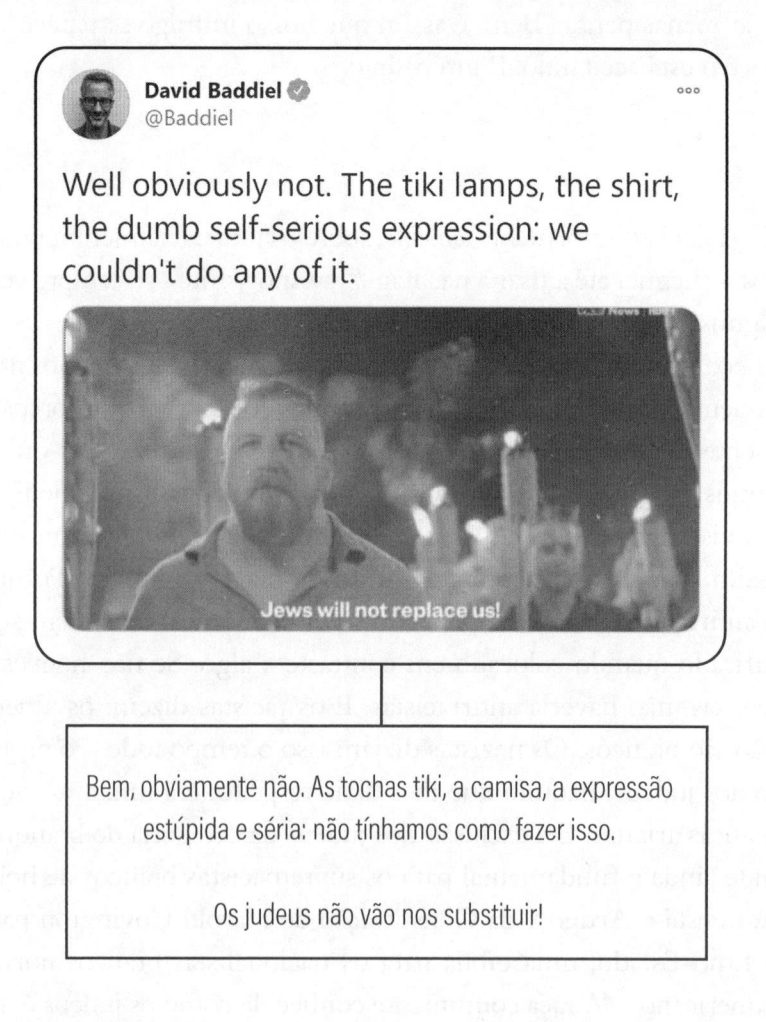

David Baddiel @Baddiel

Well obviously not. The tiki lamps, the shirt, the dumb self-serious expression: we couldn't do any of it.

Jews will not replace us!

Bem, obviamente não. As tochas tiki, a camisa, a expressão estúpida e séria: não tínhamos como fazer isso.

Os judeus não vão nos substituir!

Mas eu entendi mal. O canto – que foi inicialmente postado por Richard Spencer, o proeminente neonazista que liderou o protesto, como uma instrução – é uma expressão de uma teoria da conspiração, chamada de a Grande Substituição, que afirma que os judeus estão secretamente planejando a promoção da imigração e do multiculturalismo a fim de minar e eventualmente substituir os brancos arianos. Os judeus não estão tentando substituir os brancos por judeus. Eles estão tentando substituir os brancos por pardos e negros, e mexendo os pauzinhos para isso. Essa teoria da conspiração tem raízes profundas na extrema direita. É a razão pela qual onze judeus foram assassinados em Pittsburgh em 2018. Antes de suas ações, o assassino, Robert Bowers, postou no site de mídia social de extrema direita *Gab* que a Hebrew Immigrant Aid Society (uma instituição de caridade associada à sinagoga Tree of Life, que arrecadava dinheiro para refugiados) estava, em suas palavras, trazendo "invasores que matam nosso povo".

Para entender isso, você precisa reconsiderar o que eu disse antes sobre os judeus serem os únicos objetos de racismo em relação aos quais um duplo *status* é aplicado, tanto alto quanto baixo. Na Grande Substituição, os judeus não são brancos – não podem ser, pois estão operando contra as raças brancas e são os principais inimigos dos brancos –, mas também não são pardos ou negros, porque estão utilizando essas raças para seus propósitos secretos de conquista do mundo. Os judeus, para os racistas, não têm cor de pele. Isso faz parte de seu poder covarde. Os judeus são invisíveis, fazem sua terrível mágica nos bastidores globais e não possuem nem mesmo uma marca visual que permita identificá-los. (A menos, é claro, que você acredite que eles sejam o Povo Lagarto.[17] E, curiosamente, muitos daqueles que acreditam no Povo Lagarto também parecem ser antissemitas.)

---

17. Também conhecidos como reptilianos. (N. T.)

Seja como for, os racistas dizem que os judeus não são brancos. O problema é que os progressistas, em geral, tendem a pensar que eles são brancos, e, portanto, não merecem a proteção que os movimentos progressistas oferecem aos não brancos que enfrentam o racismo. Em alguns casos, os judeus e a identidade judaica são usados para significar branquitude ainda maior do que o normal. Jessica Krug é muito progressista: sua biografia *on-line* a descreve como uma professora associada da Universidade George Washington, que escreveu extensivamente sobre a África, a América Latina, a diáspora e a identidade, ao mesmo tempo que reivindica sua própria herança negra e latina. Mas em setembro de 2020, ela se assumiu branca. Como a mais conhecida Rachel Dolezal,[18] que a antecedeu, ela estava vivendo uma mentira. Ao contrário de Rachel Dolezal, no entanto, muitas das reportagens sobre Krug não diziam apenas que ela era branca: ela era descrita, frequentemente, como "branca e judia".

'Black' professor Jessica Krug admits that she is really white and Jewish

Professora "negra" Jessica Krug admite que ela é realmente branca e judia

---

18. Ex-professora universitária e ativista norte-americana conhecida por se apresentar como uma mulher negra, apesar de ser branca.

Por quê? Como a identidade judaica é relevante? Bem, de acordo com a Lei dos Brancos de Schrödinger,[19] um conceito brilhante pelo qual não sou responsável, em que os judeus são brancos ou não brancos dependendo da política do observador, neste contexto a identidade judaica de Krug aumenta a história. Ela não é negra. Essa é a história. E uma maneira de tornar isso ainda mais uma história, de tornar sua oposição ao que ela fingia ser ainda *mais* contundente, é enfatizar sua identidade judaica, como se a identidade judaica de alguma forma acrescentasse uma brancura extra a sua brancura. Enterrado profundamente aqui está um racismo duplo: uma ideia de que os judeus são ricos, algo que se supõe que os negros não sejam, e que, portanto, a implicação de luta e dificuldade, de *status* de vítima, que Krug esperava associar a si mesma, foi *particularmente* exterminada porque ela é judia. Porque os judeus não têm lutas e dificuldades, os judeus não podem ser vítimas. Apesar do que 2 mil anos de história nos dizem.

Como não gosto de deixar de lado a complexidade, vou acrescentar que a própria Krug, no blog de onde ela saiu, disse: "Deixei de lado minha experiência vivida como uma criança judia branca no subúrbio de Kansas City". Além do fato de que mencionar sua própria identidade judaica não é motivo para ser continuamente evidenciada na imprensa, está claro para qualquer um que leia aquele blog que Jessica Krug, como outros judeus de quem falei, tem um profundo autodesprezo. Que Jessica Krug se odeia por ser branca e judia, e acredita completamente no mito de que a identidade judaica representa privilégio e poder, e assim, enquanto

---

19. Aqui o autor faz uma paródia da famosa experiência mental proposta pelo físico austríaco Erwin Schrödinger chamada O Gato de Schrödinger. Ela é frequentemente descrita como um paradoxo, que procura ilustrar a interpretação de Copenhague da mecânica quântica, imaginando-a aplicada a objetos do dia a dia. No exemplo, fictício, há um gato trancado em uma caixa, que pode não estar apenas vivo ou apenas morto, mas também vivo e morto ao mesmo tempo. https://pt.wikipedia.org/wiki/Gato_de_Schr%C3%B6dinger. (N. T.)

ela se cobre com o pano de saco e cinzas adequados para alguém finalmente contar a verdade sobre tal mentira – *particularmente* tal mentira ofensiva –, é importante para ela possuir esse privilégio e poder. É importante para ela, em outras palavras, estar de acordo com a história.

Considere o acrônimo BAME [Black, Asian and Minority Ethnic]. Ele é bem odiado por muitos a quem se refere, mas, mesmo assim, é um uso comum: significa negro, asiático e minoria étnica. Os judeus são uma minoria étnica. Mas, na Grã-Bretanha, recentemente, Sajid Javid foi aclamado como o primeiro chanceler do Tesouro do BAME, apesar do fato de que o chanceler de Margaret Thatcher, Nigel Lawson, era judeu. Em 2017, os progressistas ficaram furiosos porque a BBC publicou uma lista de suas emissoras mais bem pagas, e nenhuma delas tinha um histórico BAME – apesar de essa lista incluir Claudia Winkleman e Vanessa Feltz. Eu mesmo escrevi para Mohit Bakaya, depois que ele foi anunciado como o primeiro chefe BAME da BBC Radio 4, para parabenizá-lo e apontar que o judeu Mark Damazer realmente chegou lá antes dele, mas ninguém percebeu (Mohit disse que isso o fez rir).

Porém, talvez possamos ir direto ao ponto. Deixe-me fazer-lhe, caro leitor, uma pergunta direta: você pensa nos judeus como BAME? "Ora, penso, sim", mas esse é em parte o objetivo deste livro: trata-se de uma polêmica sobre por que os judeus *devem* ser entendidos como em algum lugar da seção ME do BAME. Contudo, creio que a maioria não iria concordar. As pessoas podem decidir não excluir ativamente os judeus, uma vez que alguém como eu salienta para elas que os judeus são, na verdade, uma minoria étnica, que é discriminada e sofre racismo. Mas essa aceitação seria acompanhada, eu sugeriria, por uma espécie de "Ah, sim, suponho que sim, nunca realmente pensei sobre isso" acompanhado de um dar de ombros.

Um BAME carrega consigo uma imagem, que depende da cor da pele. Também traz consigo, esperançosamente – embora, óbvio, isso muitas vezes falhe na prática –, um benefício. Se você é um BAME, você deve – é para isso que a categoria existe – se beneficiar da discriminação positiva. Os judeus não. Os judeus são uma minoria étnica, e simplesmente não devem se beneficiar. Pesquise no Google. Tente encontrar qualquer exemplo de judeus nos negócios, na educação, na política, em instituições culturais recebendo uma vantagem como resultado de sua etnia. "Isso é porque eles não precisam disso", sinto você pensando. Mas o que isso significa e aonde esse pensamento leva?

Vejamos meu próprio ramo, o do entretenimento. Nenhum produtor de cinema independente com intenção de inclusão jamais pensou: "Muito bem, estamos ansiosos para escalar mais atores judeus para este filme". Nenhum diretor de teatro de vanguarda interessante jamais disse: "Quero ter certeza de que haja diversidade neste elenco; ligue para o agente de Maureen Lipman". Eu mesmo estive em reuniões sobre programas de TV e ouvi pessoas dizerem – corretamente – "Precisamos garantir que esse programa seja genuinamente diverso, e me passa pela cabeça comentar, bem, sou judeu, mas nunca o faço porque sei que isso será apenas recebido com um olhar vazio. Tipo: *sim, e daí?*".

No que concerne à área controversa do elenco minoritário, o judeu continua sendo a única minoria – e agora estamos falando para além da etnia, para incluir deficientes, trans, autistas e muitas outras categorias – em que você não precisa escalar o ator de acordo com a coisa real. Haverá indignação instantânea e consequências da escolha do elenco para, digamos, um papel trans para qualquer um que não seja um ator trans: *Rub & Tug*, um filme de 2018 sobre uma profissional do sexo trans, que deveria ser estrelado pela atriz cis Scarlett Johansson, foi interrompido após protestos da comunidade trans; e da mesma forma, Halle Berry foi brevemente cancelada – não vamos entrar no significado disso – em 2020 depois de anunciar que estava ansiosa para pesquisar o que seria necessário para interpretar um homem trans em outro filme. Um papel trans deve ir para um ator trans, obviamente um papel negro ou pardo para atores negros ou pardos, e assim por diante.[20]

Enquanto isso, no drama de TV de 2019 *McMafia*, James Norton (educado em Ampleforth, um internato católico romano) interpretou o papel principal, um judeu, Alex Godman. Em *Desobediência*, um filme sobre um casal de lésbicas em uma comunidade ortodoxa de Londres, uma das protagonistas, Rachel Weisz, é judia, mas os outros dois atores principais, Rachel McAdams e Alessandro Nivola, não são. Apenas

---

20. Uma ressalva aqui. Percebi que quando o filme *Supernova* saiu, em 2020, não houve indignação. É uma história de amor entre dois gays estrelada pelos atores heterossexuais Stanley Tucci e Colin Firth. Na verdade, foi avaliado de forma extremamente positiva. Ainda se falava a respeito, e Firth comentou sobre sua incerteza sobre assumir o papel, dizendo: "Não tenho uma posição final sobre isso. Acho que a questão ainda está acesa". Essa não é uma discussão que acontece muito com não judeus se passando por judeus. Mas também acho que há uma questão específica de bravura em torno da ideia de interpretar um homem gay na tela. Porque, durante anos no cinema, fazer isso seria considerado prejudicial para uma carreira (e obviamente, também durante anos, atores que eram gays fingiam ser heterossexuais). Ainda é, eu sugeriria, considerado de alguma forma corajoso para um grande ator hétero interpretar um homem gay em um filme convencional. Não é corajoso para um não judeu bancar o judeu.

um dos quatro membros da família retratados na comédia ostensivamente judaica do Channel 4 *Friday Night Dinner*, Tom Rosenthal, é realmente judeu, e ele renunciou a essa herança em entrevistas.[21] Os exemplos são numerosos demais para serem listados, mas aqui está um furo para você que eu descobri enquanto escrevia este livro. A atriz britânica Sarah Solemani, que é judia, me disse que fez teste de tela para o papel principal na série *The Marvelous Mrs. Maisel*. Ela disse, na verdade, que a decisão final ficou entre ela e Rachel Brosnahan, que não é judia. Brosnahan conseguiu o papel. Aqui está o detalhe sobre *The Marvelous Mrs. Maisel*. É sobre comédia, mas, na verdade, é sobre judeus. É tão judeu quanto um programa de TV pode ser. Rachel Brosnahan é muito boa no papel principal, mas como meu *judar* – radar judeu – é apurado, eu soube instantaneamente que ela não era judia. Na verdade, não tenho problema algum com isso. Ou não teria, se não soubesse que todas as outras minorias, em um show em que o modo de ser dessa minoria era

---

21. Ele disse em uma entrevista ao *Guardian*: "O último judeu de verdade em nossa família foi há quatro gerações". Curiosamente, certa vez fui entrevistado por seu pai, Jim Rosenthal. Foi no dia da final da Copa da Inglaterra (FA Cup), um sábado – obviamente – fora do Estádio de Wembley. Eu disse, brincando: "Jim, sério que você está aqui no Shabat?". Jim interrompeu a entrevista e insistiu muito que não era judeu. "Eu me livro disso por causa de meu pai", disse ele. O que é estranho, já que a maioria dos judeus, que se preocupam com esse tipo de coisa, prescreve que o judaísmo vem da linha materna. De qualquer forma, não cabe a mim dizer a Jim Rosenthal que ele é judeu (na verdade, esbarrei com ele muito mais tarde em uma sauna, nu, e ainda me parecia que ele era; mas enfim...). Todavia, estou interessado no fato de que algumas pessoas com elementos de herança judaica estão muito, muito interessadas em rejeitá-la. Estou interessado (em parte porque não sinto) na vergonha. Nunca vi um corolário em pessoas mestiças, que, ao contrário, tendem a destacar que são pessoas de cor. Afua Hirsch, jornalista do *Guardian*, é mestiça: seu pai era judeu alemão, e sua mãe, de Gana. Ela se identifica como negra, descrevendo seu judaísmo como uma "identidade sombria".

central, precisaria ser escalado de acordo. Os produtores simplesmente não teriam tolerado a reação de outra forma.

Do mesmo modo, em *Hunters*, uma série sobre a caça de nazistas na Amazônia, Al Pacino faz o papel principal, Meyer Offerman.[22] Al Pacino, acho que sabemos, é ítalo-americano, e não judeu. No momento em que escrevo, o filme *Mank*, sobre o roteirista de *Cidadão Kane*, Herman Mankiewicz, está recebendo críticas incríveis. Mankiewicz era judeu, e isso não é evitado no filme: ele fala em várias cenas da *ganze mispocha*, que em iídiche significa "toda a família". O papel é interpretado pelo não judeu Gary Oldman. Oldman não é apenas não judeu, no entanto. Em uma entrevista para a *Playboy*, em 2006, Oldman defendeu Mel Gibson e sua infame reclamação antissemita quando foi preso em 2002, dizendo que os ofendidos deveriam "superar isso". Ele acrescentou: "Mel Gibson está em uma cidade governada por judeus e disse a coisa errada, porque, na verdade, mordeu a mão que eu acho que o alimentou e não precisa mais alimentá-lo, porque ele tem dinheiro suficiente".

Oldman, mais tarde, se desculpou, de uma maneira muito afetada e estudada. Mas ainda assim: no momento, não houve um pio a esse respeito. Nem um pio sobre o fato de que perpetuar o mito do domínio judeu em Hollywood pode ser um motivo para escalá-lo como um roteirista judeu em um filme que representava, às vezes, de forma bastante negativa, muitos outros atores judeus de Hollywood na época. De novo, não estou dizendo que Oldman não deveria ter recebido esse papel; nem estou pedindo nenhuma retratação de prêmios por seu desempenho (embora ele pronuncie errado *mispocha*). O que digo é que

---

22. Ver nota 26.

deveria haver, como teria havido com qualquer outra minoria, uma conversa sobre isso.[23]

Enquanto isso, em *The Plot Against America*, da HBO, um rabino é interpretado por John Turturro. Curiosamente, ele foi questionado a esse respeito, embora não de forma agressiva e sem nenhuma sensação de que isso poderia ser um problema. Ele disse: "Eu me sinto como um judeu honorário. Minha esposa é judia, meus filhos são judeus. Quer dizer, eu cresci na cidade de Nova York, então sou basicamente judeu!". Ora, que bom para você, John, apesar de que: a) eu gostaria de ter visto o que teria acontecido se Halle Berry tivesse tentado passar por cima das acusações de transfobia de maneira igualmente amável, e b) é racista a piada sobre Nova York, que está muito longe de poder ser chamada de Judolândia. Como eu disse, não é do antissemitismo ativo que estou falando aqui, é do passivo. Procure a ausência: a ausência, neste caso, de preocupação. O que John Turturro *não* está fazendo aqui? Ele não está preocupado com microagressões a judeus. Porque não existe uma cultura de reclamações apropriada em torno delas. No entanto, se ele fosse escalado como um personagem gay em uma série de TV, acho que pensaria com muito cuidado, com muita preocupação sobre as consequências, antes de comentar "quero dizer, eu cresci em San Francisco, então basicamente sou gay". Se vivêssemos em uma época em que qualquer ator pudesse desempenhar qualquer papel, eu não estaria pedindo que atores não judeus fossem impedidos de interpretar papéis judaicos. Na verdade, não estou pedindo isso agora. O que faço é apontar

23. Tenho quase certeza, por exemplo, de que, como mencionei em uma nota de rodapé anterior, embora seja aceitável que atores heterossexuais interpretem papéis gays, não seria aceitável – certamente não sem uma conversa – para um ator heterossexual que tivesse publicamente feito comentários homofóbicos.

a discrepância, o fato de que não há indignação. Certamente não na escala de *Rub & Tug*, onde Johansson desistiu e o filme inteiro foi descartado.[24]

Nunca há nenhum ultraje real sobre não judeus fingindo ser judeus; embora tenha havido recentemente uma tentativa em

---

24. Uma área específica em que há um monitoramento ávido dos erros e acertos do elenco étnico é a animação. Sou um grande fã do programa de animação da Netflix *BoJack Horseman*. É uma obra-prima fria como pedra, em minha opinião a melhor comédia dramática da TV na última década (não a melhor em animação, a melhor). Um problema que tem perseguido esse show, no entanto, e pelo qual o criador, Raphael Bob-Waksberg, passou muito tempo se desculpando, é que uma das principais personagens femininas, Diane Nguyen, é americana-vietnamita, mas é dublada pela atriz norte-americana branca Alison Brie. Recentemente, Waksberg postou uma longa *thread* no Twitter na qual explicou detalhadamente como esse – conforme ele disse – erro foi cometido e o quanto ele aprendeu desde então, e as correções que o programa fez a esse respeito. Ele agiu assim porque sem dúvida se sente mal com isso, mas também porque houve, dentro do mundo dos fãs de animação, um clamor muito grande sobre a escalação de Diane. Enquanto isso, o personagem de Lenny Turtletaub, que é judeu – um estereótipo de produtor de Hollywood muito judeu; engraçado, mas um estereótipo – é interpretado por J. K. Simmons, que não é judeu. Não houve protestos a esse respeito, e Waksberg não viu necessidade de ficar angustiado com isso.

Já que estamos no assunto, notei algo sobre *BoJack*, conforme ele avançava: é uma série em que os personagens podem ser humanos ou animais. A maioria das variedades de animais aparece em suas seis séries. Mas notei uma ausência, que a princípio achei estranha, pois são indiscutivelmente os animais mais humanoides: não há símios ou macacos em *BoJack Horseman*. Gatos, touros, veados, cavalos, é claro, tartarugas, como em Lenny Turtletaub, peixes-boi, mas não primatas. Então eu descobri o porquê: acho que, considerando que cada animal essencialmente representa um tipo humano (BoJack, um cavalo, é um astro de comédia dos anos 1990 viciado em sexo e drogas), pode haver uma ansiedade na sala dos roteiristas sobre a terrível possibilidade de os espectadores *confundirem* macacos ou personagens símios com humanos correspondentes de cor. Tanto é assim que eles decidiram apenas deixar essa classe de animais de fora. Até o último episódio de toda a série, em que aparece um personagem chamado Danny Bananas. Danny é dublado por Phil Rosenthal, o produtor judeu de *Everybody Loves Raymond*, e é claramente um personagem judeu. É bom que um personagem judeu seja interpretado por um ator judeu. No entanto, Danny Bananas é um macaco: um macaco-narigudo.

uma coluna no *Jewish Chronicle*. Em setembro de 2019, um musical chamado *Falsettos*, anteriormente na Broadway, estreou em Londres. Tanto quanto posso entender – eu não o assisti –, *Falsettos* é bastante judeu; todos os personagens são judeus, e a primeira música se chama *Four Jews in a Room, Bitching* [Quatro judeus em uma sala, reclamando]. Quando estreou em Londres, ninguém do elenco era judeu. A indignação chegou ao ponto de uma carta ser enviada ao *Stage*, na qual uma nova palavra foi cunhada: *jewface* [cara de judeu]. A carta foi assinada por vários atores, escritores e diretores judeus, e reiterou alguns dos exemplos mais recentes de papéis judaicos sendo interpretados por atores não judeus:

> Onde estavam os protestos sobre *jewface* quando artistas não judeus interpretaram os seguintes papéis judeus, para citar apenas alguns: James McArdle como Louis (*Angels in America*, National Theatre), Simon Russell Beale como Chaim Lehman (*The Lehman Trilogy*, NT), Lauren Ward como Rose Stopnick Gellman (*Caroline, or Change*, Hampstead), Stephen Mangan como Goldberg (*The Birthday Party*, Harold Pinter Theatre), Ian McDiarmid como Shylock (*O mercador de Veneza*, Almeida), Sheridan Smith como Fanny Brice (*Funny Girl*, Menier Chocolate Factory)? Esta não é uma crítica a esses atores, mas uma questão voltada para a autenticidade das aparentes performances judaicas.

Mas ninguém levou a sério. A iniciativa não obteve – e isso é importante – movimento por parte da mídia social. Sem isso, você pode esquecer a indignação. Todos os principais movimentos progressistas dos últimos anos surgiram por causa da democratização mais profunda trazida pelas mídias sociais. #MeToo [Eu também], #OscarsSoWhite [Oscars tão brancos], #StopFundingHate [Pare de financiar ódio], #BlackLivesMatter [Vidas negras importam], #TakeAKnee [Ajoelhe-se] – como demonstrado pela colocação da *hashtag* em seus nomes – não poderiam ter acontecido sem a mídia social. Toda a correção de erros acontece *on-line*: nenhuma celebridade se desculpa, nenhum líder político demite um malfeitor subalterno, nenhuma corporação confessa a má conduta a menos que sejam pressionados a fazê-lo pelas chamadas virais do Twitter.

A campanha para aumentar a conscientização sobre o elenco de não judeus em *Falsettos* não se tornou viral. Não vi a *trend* #Jewface ou #FalsettoGate no Twitter. Não houve indignação em nenhum lugar da internet.

Se tiverem sua atenção chamada para isso, os progressistas podem não desaprovar o levantamento do caso *Falsettos*; mas eles não vão apoiar. Eles não vão intervir, como fariam se fosse uma peça com personagens negros, gays, trans, deficientes, autistas ou qualquer outra minoria, retratados pelos atores errados. Para abalar o privilégio, você precisa dos privilegiados: você precisa que eles se sintam envergonhados. Você precisa que os privilegiados, brancos, heterossexuais, cisgêneros e saudáveis sintam vergonha e raiva em nome da minoria que está sendo, de algum modo, difamada por eles. E a maioria privilegiada, branca, heterossexual, cisgênero e saudável nunca sente essas coisas quando a minoria que está sendo difamada é a judia; porque eles pensam que os judeus são apenas... eles. Eles não veem diferença suficiente.

A propósito, não é bem verdade que não houve indignação na internet com o *Falsettos*. No site *The Stage*, na seção de comentários, abaixo de onde a carta foi postada, houve uma grande indignação – pelo fato de a carta ter sido escrita. Um Jimmy Murphy disse: "Tentar aproximar *'jewface'* e *'blackface'*[25] é terrível. Eles precisam retirar esse

---

25. *Blackface* se refere à prática teatral de atores que se coloriam com carvão de cortiça para representar personagens negros de forma exagerada, geralmente em shows de menestréis norte-americanos da década de 1830 até meados do século XX; agora é considerado altamente ofensivo. https://pt.wikipedia.org/wiki/Blackface. (N. T.)

comentário imediatamente se quiserem ser levados a sério". Outro comentarista, Ce Zar, afirmou: "Se eu assistisse a uma peça com, digamos, atores alemães interpretando revolucionários franceses, eu não me importaria, desde que fosse bem-feito". E outro, Paul Clarke: "Na história do teatro, cinema, e entretenimento em geral, não dá para dizer que os judeus não foram significativos ou que carecem de uma plataforma – literalmente ou nos bastidores –, e inúmeros atuaram abertamente, ou secretamente, ao longo dos anos sob nomes gentios". O que você tem aqui, além da sensação de surpresa e irritação que qualquer acusação de antissemitismo produz, são alguns equívocos básicos sobre os judeus. O segundo comentário relaciona não judeus fazendo papel de judeus com alemães fazendo papel de franceses. O que significa imaginar que o judeu é uma nacionalidade, não uma etnia. O último tem mais alguns estereótipos – "O entretenimento é muito judeu!" –, e diz que os judeus, longe de serem discriminados, "atuaram abertamente, ou secretamente, ao longo dos anos sob nomes gentios" – o que sugere que a atitude dos atores judeus que mudaram de nome foi algo que os judeus fizeram como uma operação secreta para colonizar a indústria disfarçados, não algo a que foram obrigados por causa do racismo: porque uma audiência WASP (sigla em inglês para branco, anglo-saxão e protestante) aceitaria um astro chamado Kirk Douglas, mas não um chamado Issur Danielovitch, seu verdadeiro nome.

O primeiro comentário, que é o mais raivoso, nos remete à hierarquia do racismo. *Blackface* é mais ofensivo que *jewface*. Na verdade, é um insulto à importância do *blackface* até mesmo inventar o conceito de *jewface*.

Mas é? Os dois racismos se tornam confusamente conjugados quando o *Stage* imprime a palavra "*jewface*". O racismo antinegro é o veio principal. O racismo sofrido pelos negros é o que molda o discurso antirracista. *Blackface*, portanto, é a ofensa padrão, e todas as ofensas semelhantes decorrem dela e usam a mesma construção: *yellowface*, *brownface*, *redface* – até mesmo drag foi descrito como *womanface*. Todas essas faces ruins são – para dizer o óbvio – reconhecíveis na face. Elas envolvem maquiagem. O que nos traz de volta a algo sobre os judeus: eles não são necessariamente reconhecíveis de imediato como judeus. Então, como *jewface* pode ser relevante?

Vejamos novamente alguns desses exemplos anteriores de não judeus atuando como judeus. Em *Hunters*, Al Pacino não usa nenhum tipo de maquiagem judaica óbvia quando interpreta Offerman (exceto uma barba, óculos pequenos e seu traje, um terno rabínico preto). Em vez disso, o que ele faz é interpretar o personagem de um modo *realmente judeu pra cacete*. Seus maneirismos performáticos estão cheios de encolher os ombros e tiques faciais de um *schlemiel* [idiota, em iídiche], sua entonação, cravada de interrogações melancólicas.[26] Isso é o que é *jewface*. Não devemos realmente usar essa construção inspirada no *blackface*, porque isso implica maquiagem. Mas um ator pode imitar sem maquiagem. É voz de judeu, expressão de judeu, judeu de corpo curvado e encolhido. É o próprio coitado.

E é aí que isso fica realmente problemático: quando você caricatura a identidade judaica e você mesmo não é judeu, o que é isso senão um espetáculo de menestréis em outra forma?

Do mesmo modo, em 2019, fui ver a nova produção do musical *Little Shop of Horrors* do Regent's Park Theatre. O papel do dono da loja judeu, sr. Mushnik, foi interpretado – muito bem – pelo ator escocês Forbes Masson, mas, novamente, esse personagem é estereotipicamente judeu: todos os seus gestos são o

---

26. Uma sobrancelha se ergueu com esse ponto – alerta de *spoiler*: no episódio final de *Hunters* é revelado que o personagem de Pacino não é judeu. Ele é um ex-nazista que finge ser judeu para se tornar um caçador de nazistas, tudo parte de exorcizar sua culpa. Quando descobri isso, decidi cortar do livro esse pedaço. Então me ocorreu que é uma leitura muito generosa – e muito acima – da atuação de Pacino imaginar que seu emprego de maneirismos judeus estereotipados como ator era uma pista profundamente enterrada para o fato de que o personagem não é realmente um judeu.

encolher de ombros e o uso do *"oy"*[27] de Nova York. Ter um não judeu fazendo essas coisas é – se você seguir a mesma lógica que se aplicaria se fosse um negro, gay, trans, deficiente ou qualquer outro personagem minoritário representando aspectos estereotipados dessa minoria – desrespeitoso para com os judeus.

A propósito, isso é parcialmente culpa dos judeus. *Falsettos* foi escrito por judeus e, como todo teatro e comédia escrito por judeus sobre judeus, é autodepreciativo, e não – como o teatro e a comédia sobre outras minorias e/ou mulheres tendem a ser – empoderador. Aqui estão algumas falas:

> Jason: Em caso de fumaça, liguem para nossas mães. E digam que seus filhos estão pegando fogo.
>
> Marvin e Whizzer: Estamos manipulando as pessoas e precisamos saber que nossos piores lados não são ignorados.
>
> Mendel: A culpa investida, com o tempo, vai compensar sabiamente.
>
> Whizzer e Jason: Nós não pisamos em ovos.
>
> Whizzer: Nós cobramos antecipado para nos exibir.
>
> Mendel: Somos bons de cama.

É assim que os judeus sempre se retrataram (pelo menos até Sacha Baron-Cohen aparecer, mas ele é um pouco mais israelense, eu acho). O judeu padrão, no modelo Woody Allen/George Costanza de *Seinfeld*, é um *nebbish*: um neurótico intelectual e desajeitado.[28]

---

27. O *"oy"* é uma palavra iídiche comum que se traduz aproximadamente como "oh!". Expressa consternação ou descrença, às vezes sarcasticamente. https://www.iemj.org. (N. T.)

28. Os nerds da comédia podem dizer: George é italiano. Sim, mas apenas no nome. Ele é o personagem de *Seinfeld* mais baseado no próprio criador judeu de *Seinfeld*, Larry David. Mas, quando a sitcom foi desenvolvida pela primeira vez, a NBC – antissemita – sentiu que *Seinfeld* era judeu o suficiente para ter Jerry Seinfeld no centro. Assim, David e Seinfeld lidaram com essa restrição tornando George italiano e Elaine uma WASP, e continuaram a compô-los como judeus.

Atores que interpretam judeus – pelo menos judeus como os de *Falsettos* e *Little Shop of Horrors* – não estão realmente interpretando judeus como indivíduos. Eles estão interpretando judeus como estereótipos. Eles estão, em algum nível, caçoando dos judeus.

A ideia progressista de que você só deve escalar atores minoritários para interpretar essas minorias tem uma dupla motivação. É, em parte, uma questão de empregabilidade, uma reação contra uma tradição anterior aberta a todos que significava que havia menos trabalho para atores minoritários. Mas também é, e eu diria que em sua essência, sobre respeito. Há algo de desrespeitoso, é o que sugere a reação contra Halle Berry e Scarlett Johansson, em escalar uma atriz cis para um papel transgênero. Assim como um determinado racismo só pode ser realmente definido pelas vítimas desse racismo, a verdade profunda da identidade só está disponível para aqueles que vivem essa identidade. Escolher um ator não minoritário para imitar essa identidade parece, para o olhar progressista, personificação, e a personificação carrega consigo um elemento de zombaria: ou, pelo menos, é redutora, e diminui a complexidade dessa experiência ao canalizá-la por meio de um ator que não a viveu.

Tudo isso se aplica aos judeus também, ou pelo menos deveria. A experiência judaica é vivenciada e complexa. No entanto, os não judeus *foram* autorizados a representar os papéis que expressam as seções mais complexas da experiência judaica: Ben Kingsley não é judeu (ou, pelo menos, como Tom Rosenthal, ele rejeita ativamente qualquer traço dessa herança) e, no entanto, ele interpreta Itzhak Stern, o sobrevivente do Holocausto que ajudou Oskar Schindler, em *A Lista de Schindler*. É uma ótima atuação, mas também o é seu papel vencedor do Oscar em *Gandhi*, que agora *é* considerado problemático porque, apesar de sua herança meio indiana, Kingsley usava maquiagem para parecer mais escuro. Se é problemático para um ator não minoritário retratar a experiência de uma minoria, é problemático para todos os atores listados naquela carta ao *Stage* interpretarem judeus, e para artistas musicais não judeus cantarem canções como *Four Jews in a Room, Bitching*, em *Falsettos*.

Já que estamos no assunto *blackface versus jewface*: outro momento #JewsDontCount aconteceu enquanto eu escrevia este livro. O diretor de cinema Ken Loach foi nomeado juiz de uma competição escolar dirigida pelo Show Racism the Red Card, que é uma instituição de caridade antirracista de futebol semelhante ao Kick It Out. Em 2016, durante uma entrevista na conferência do Partido Trabalhista, Loach disse, ao ser questionado sobre a presença, em uma reunião polêmica, de um orador que supostamente questionou a história do Holocausto: "Bem, acho que a história existe para todos nós discutirmos". Desde então, ele tem refutado veementemente ser um negador do Holocausto, mas, mesmo assim, essa observação levou a protestos da comunidade judaica. Por um tempo, o SRtRC reagiu com raiva, dobrando a aposta, fazendo Eric Cantona tuitar sobre o grande antirracista Ken Loach e coisas do tipo. No final, Loach deixou de julgar a competição, mas, como sempre, não houve protestos de setores progressistas – apenas dos judeus – sobre a possível incongruência de sua observação.

Eu, particularmente, não mencionaria isso – é apenas um exemplo padrão e cotidiano de #JewsDontCount – não fosse pelo fato de que, enquanto esse pequeno furor acontecia, um homem chamado Dave Rich, que trabalha para uma instituição de caridade, Community Security Trust, que fornece segurança contra ataques racistas para escolas judaicas, sinagogas e centros comunitários, tuitou o seguinte:

Dave Rich ✓
@daverich1

Ken Loach said antisemitism is an "understandable" reaction to Israel's actions; whether the Holocaust happened "is there for us all to discuss"; antisemitism in Labour is "exaggerated or false"; & complained about "the generalised sense of guilt that everyone has about the Jews"

> **Show Racism the Red Card** ✓ @SRTRC_England · Feb 4
> We're really excited to have @MichaelRosenYes and Ken Loach @KenLoachSixteen on board as judges for our School Competition this year! Don't forget to register your school to take part before 28 Feb bit.ly/372DNrO #ShowRacismtheRedCard
> Show this thread

Ken Loach disse que o antissemitismo é uma reação "compreensível" às ações de Israel; se o Holocausto aconteceu "está aí para todos nós discutirmos"; o antissemitismo no Trabalhismo é "exagerado ou falso"; & queixou-se do "sentimento generalizado de culpa que todos têm em relação aos judeus".

Show Racism the Red Card
Estamos muito entusiasmados por ter @MichaelRosenYes e Ken Loach @KenLoachSixteen a bordo como juízes para nosso Concurso Escolar este ano! Não se esqueça de registrar sua escola para participar antes de 28 de fevereiro bit.ly/372DNrO #ShowRacismtheRedCard

Seguido por um segundo tuíte que dizia apenas: "Posso pensar em juízes melhores para uma competição antirracismo". Eu retuitei. E então o filho de Ken Loach, Jim, tuitou isto:

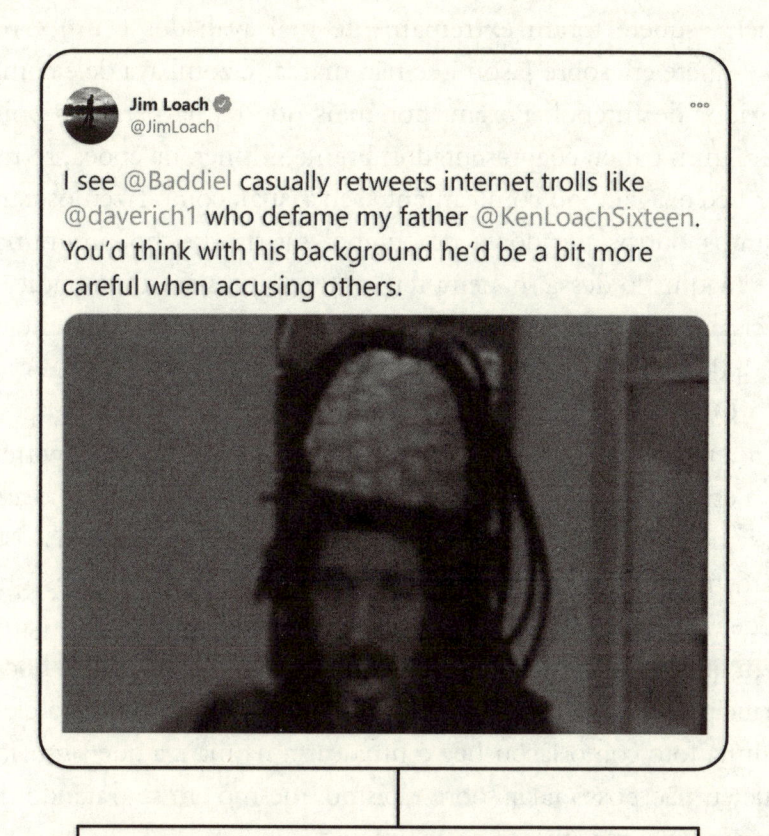

Jim Loach ✓
@JimLoach

I see @Baddiel casually retweets internet trolls like @daverich1 who defame my father @KenLoachSixteen. You'd think with his background he'd be a bit more careful when accusing others.

Eu vejo @Baddiel casualmente retuitando trolls da internet como @daverich1, que difamam meu pai, @KenLoachSixteen. Você pensaria que, com o histórico dele, ele seria um pouco mais cuidadoso ao acusar os outros.

Esse sou eu, fantasiado e maquiado como Jason Lee, jogador de futebol do Nottingham Forest, em um esquete do seriado *Fantasy Football League*, de meados dos anos 1990.

Então. Como eu disse antes, a maquiagem e o figurino naquele esquete foram extremamente mal avaliados e um erro. O esquete era sobre Jason Lee não marcar e zombava dele como jogador de futebol. Porém, por mais que tenha parecido bom para mim e meu coapresentador, Frank Skinner, na época, retratar Lee exagerando comicamente seu visual, como fizemos para muitos outros jogadores de futebol satirizados no programa, ser maquiado dessa maneira tem antecedentes em uma tradição racista muito ruim. Não deveríamos tê-lo feito e, desde então, pedi desculpas publicamente por isso em várias ocasiões.

Que as desculpas não fazem diferença fica claro com a presença recorrente dessa foto em minha linha do tempo do Twitter. Em especial, desde que comecei a falar publicamente sobre o antissemitismo, seja antissemitismo em geral ou de esquerda. Na verdade, pelo que parece, não são desculpas o que aqueles que pedem que eu me desculpe querem de mim. O que eles parecem querer, de fato, é o silêncio. Eles querem que eu cale a boca, principalmente no que diz respeito ao antissemitismo. Para eles, minha foto como Jason Lee é uma carta na manga que significa que eu não posso falar sobre racismo, mesmo em se tratando do racismo que me ameaça pessoalmente.

É sugestivo, talvez, da hierarquia dos racismos que, porque fui maquiado como Jason Lee, eu, um judeu, não tenho o direito de falar sobre minha experiência de racismo antijudaico. Eu ofendi o racismo mais importante e, portanto, não tenho o direito de falar sobre o meu – seja como for, menos importante.

Há uma tática que talvez alguns de vocês conheçam chamada entãosismo [*whataboutery*]. O entãosismo é uma acusação feita contra alguém que pode estar tentando desviar a atenção de seus próprios erros, apontando erros em outro lugar.

Por exemplo, as pessoas que se importam mais do que eu em defender Israel costumam dizer para aqueles que o atacam: "Por que você não fala sobre direitos humanos na Arábia Saudita ou sobre a perseguição aos uigures na China?". E aí elas são acusadas de entãosismo. A acusação significa: você está usando essa comparação para afastar a discussão da arena atual porque se sente na defensiva em relação a ela. O fato é que, no caso deste livro, é impossível falar de racismo antijudaico sem compará-lo com outros racismos; é impossível falar sobre como os judeus são tratados pelos progressistas sem comparar com a forma como outras minorias são tratadas. Assim, estou abraçando abertamente o entãosismo. A comparação é inevitável, porque este livro é sobre por que as coisas são diferentes para os judeus. Desse modo, para ilustrar ainda mais como o racismo contra os judeus é considerado menos importante do que outros racismos – e sabendo muito bem que o cartão de débito entãosismo espera por mim –, vamos falar sobre *Bo' Selecta!*

Bo' Selecta! foi o engraçadíssimo programa de esquetes do Channel 4 de Leigh Francis, transmitido no início dos anos 2000, no qual Francis se vestia como celebridades com máscaras grotescas de desenho animado. Em um esquete recorrente, ele me retratou como um rabino. Bem, não apenas um rabino, um rabino hassídico, com um nariz enorme, cabelos cacheados e um grande chapéu preto, que sempre traz a palavra judeu. Dado anteriormente eu ter me apresentado como judeu, não acho que isso seja sem graça ou, de uma forma comicamente exagerada, impreciso. Mas eu acho, pelo fato de Francis não ser judeu, que é racista – pelo menos tão racista quanto eu me vestindo de Jason Lee. Essa não é uma tentativa de me desculpar por me vestir como Jason Lee (o que foi racista). É uma tentativa, como tudo aqui, de notar a diferença na reação. Posso garantir que qualquer coisa que eu disser no Twitter, principalmente qualquer coisa sobre antissemitismo, levará alguém, em algum lugar, a postar aquela foto minha como Jason Lee, exigindo que eu cale a boca e baixe a cabeça, envergonhado. Eu nunca vi, e espero nunca ver, nenhum tipo de condenação, na internet ou em qualquer outro lugar, de Leigh Francis por se vestir como o rabino babão--gritalhão-judeu Baddiel.[29]

★ ★ ★

Há uma expressão que usei na última parte, "hierarquia dos racismos", que é preocupante. Constatei recentemente que se, em discussões *on-line*, sugiro que algumas microagressões contra os judeus levariam a um clamor muito maior se perpetradas contra outra minoria, há quem me diga que essa comparação é odiosa: lembro--me de ter ouvido certa vez que, ao fazer isso, eu estava dando uma rasteira na outra minoria. Isso, é claro, não é minha intenção (embora, como sabemos, a intenção não importe mais). Não estou

---

29. Na verdade, durante o auge dos protestos do Black Lives Matter – e embora tenha havido muita reação no Reino Unido ao uso de *blackface* na comédia da TV britânica em geral –, Francis se desculpou: por suas personificações de Craig David, Mel B do Spice Girls e outras pessoas de cor. Mas não sobre a personificação que fez de mim.

argumentando para que a experiência de racismo de outra pessoa seja diminuída em importância, mas para que a consciência de algo semelhante acontecendo com os judeus seja intensificada.

Mas o que essa reação – "você está dando uma rasteira na gente" – sugere para mim, de fato, é que, ao comparar a experiência de racismo de outra minoria com a dos judeus, estou menosprezando a deles. Porque a experiência de racismo de um judeu não pode ser tão ruim assim. Às vezes, como judeu, ao ouvir o quanto o racismo é pior para as pessoas de cor, eu uso a frase "não é uma competição". Porém, eu a uso sabendo que para muitos é: que existe uma hierarquia de racismos, e alguns *são* mais importantes que outros. Na verdade, alguns veem a competição como sendo tendenciosa *a favor* dos judeus. Há muitos que sentem que, por exemplo, o que eles veem como a primazia, no imaginário europeu e norte-americano, do Holocausto sobre outras atrocidades – a escravidão ou a fome de Bengala – representa um sentimento de que um genocídio acontecendo aos brancos (e os judeus são, é lógico, no exemplo que se observou dos Brancos de Schrödinger, brancos) é, de algum modo, mais importante.

Também noto a frase "não é uma competição" sendo jogada de volta para mim quando eu a digo, como já fiz algumas vezes nas redes sociais, #JewsDontCount. Mas isso é entender mal o que #JewsDontCount está tentando comunicar. É minha posição que o racismo não deveria ser uma competição: que todos os racismos devem ser considerados igualmente ruins. "Deveria" é a palavra-chave aqui. Existe *uma* desigualdade, mesmo que essa desigualdade possa ser sentida de forma diferente em diferentes setores. Por exemplo, alguns muçulmanos acreditam fortemente que a islamofobia não atrai a atenção que o antissemitismo recebe na mídia em geral. Mas essa polêmica é muito específica sobre os progressistas: não é sobre a grande mídia. E está escrita, para usar uma frase muito querida pelos progressistas, do ponto de vista de minha experiência vivenciada: a experiência vivenciada de um judeu que sente como a maioria dos judeus que a reação dos progressistas ao antissemitismo é que não importa muito.

De fato, de alguns setores progressistas, percebi recentemente não apenas que o antissemitismo não importa muito, mas que, como uma preocupação, ele foi maculado; que se tornou, por assim dizer, o racismo *deles* – do outro lado –, aquele com o qual *eles* se preocupam. Em outubro de 2020, um pedido de liberdade de informação da União dos Estudantes Judeus revelou que apenas vinte e nove das cento e trinta e três universidades adotaram a definição de antissemitismo da International Holocaust Remembrance Alliance e que oitenta delas disseram que não estava em seus planos recentes fazê-lo. De acordo com o *Times*, alguns disseram que "não era necessário" (uma frase que talvez sirva, em seu desdém, como um correlativo objetivo do título deste livro). Enquanto isso, no mais progressista *Guardian*, o foco estava menos – não estava em absoluto – no elemento de os judeus não contarem do que no fato de o governo conservador ter se envolvido. O secretário da Educação, Gavin Williamson, enviou uma carta aos vice-reitores expressando desconforto quanto à falta de interesse das universidades em aplicar a definição da IHRA, principalmente devido ao recente aumento geral de incidentes antissemitas nos *campi*. O artigo do *Guardian* sobre o assunto terminou com estes dois parágrafos:

> A intervenção de Williamson ocorre em um momento difícil para muitas universidades que lutam para lidar com centenas de alunos e funcionários infectados com a covid-19, além de se prepararem para a saída do Reino Unido da UE e seu impacto no recrutamento e financiamento.
>
> "Quando os futuros historiadores olharem para o período da covid-19, haverá uma mistificação completa sobre o que o Departamento de Educação considerou uma prioridade no meio da crise", disse um funcionário da universidade.

Observe a referência à história, e a certeza sobre quem e o que está do lado certo dela. Observe também o elemento de irritação por parte de instituições sendo incomodadas por essa questão insignificante quando há tantas coisas mais importantes com que se preocupar. Mas observe principalmente a "intervenção de Williamson": a preocupação com o antissemitismo vem da direita.

Tudo isso ecoou nas redes sociais. Vejo muitas postagens agora sugerindo que, por exemplo, quando o Partido Conservador arma uma confusão dos infernos quando há ofensas contra os judeus, mas ignora a islamofobia em suas próprias fileiras, ele marca o antissemitismo como a questão racista favorita da direita. Da mesma forma, quando provocadores de direita, como David Vance, ex-político da Irlanda do Norte, publicam tuítes racistas, eles não são apenas condenados por fazê-lo: há sempre, agora, um protesto sobre como o Twitter é claramente tendencioso, porque não suspendeu essa conta da plataforma, mas toma medidas rápidas contra qualquer um acusado de antissemitismo, como o *rapper* britânico Wiley. A sugestão é que Wiley foi usado como exemplo quando postou uma série de tuítes antissemitas em 2020 por ser negro, mas também porque os judeus são tratados, pelos poderosos, como um caso especial. Só que isso não é bem verdade. O Twitter começou a tomar esse tipo de ação apenas recentemente, como uma melhoria em seu jogo contra o discurso de ódio. Portanto, embora Vance tenha realmente tuitado ofensivamente contra várias minorias ao longo de seu tempo na plataforma, desde que o Twitter passou a reagir assim, ele foi de fato removido – após indignação com um tuíte que ele enviou em setembro de 2020 para o jogador negro de futebol Marcus Rashford – tão rapidamente quanto qualquer outro. Mas persiste a ideia de que Wiley foi suspenso mais rapidamente, porque os judeus são de alguma forma protegidos pelo poder e privilégio, e onde quer que – neste caso, um gigante da mídia social – o dinheiro esteja.

Um exemplo muito claro das correntes profundamente problemáticas e contraditórias em torno da ideia de uma hierarquia de racismos em círculos progressistas veio quando a colunista do *Guardian* Hadley Freeman escreveu um artigo para o jornal intitulado "After Wiley, I Didn't Have a Fight On My Hands for Once. Why Did That Feel So Weird?" [Depois de Wiley, pela primeira vez eu não tive uma luta em minhas mãos. Por que isso pareceu tão estranho?]. A premissa do artigo era que, em circunstâncias normais, erguer a voz publicamente sobre o antissemitismo leva a várias condenações progressistas – referências à opressão israelense, insistências de que outras minorias estão em situação pior e assim por diante, mas isso, de fato, não aconteceu com Freeman quando ela falou *on-line* sobre Wiley. Implícita nessa publicação está a suposição de que o antissemitismo se encontra na parte de baixo na hierarquia dos racismos, e é por isso que ela esperava essas respostas. Pode ser visto como um avanço o fato de o artigo não ter sido alvo de críticas, mas ele foi. Não dos leitores, mas, mais tarde veio à tona, de outros colaboradores do *Guardian*, alguns dos quais tuitaram que achavam que o jornal não deveria publicar um artigo que sugerisse a existência de uma hierarquia de racismos – e que sugerir que o racismo antijudaico não é levado a sério o suficiente pode insinuar que outros racismos são levados *muito* a sério. Eu já abordei esta queixa: o dilema de que os judeus, ao pedirem paridade com outros racismos, parecem minimizar o efeito desses racismos, então eles deveriam apenas se calar sobre isso, de verdade. Curiosamente, porém, alguns dias após a publicação do artigo de Hadley Freeman, o *Guardian* publicou outro artigo, desta vez intitulado "'Hierarchy of Racism' Fears Threaten Starmer's Hopes of Labour Unity" [Os temores da "hierarquia do racismo" ameaçam as esperanças da unidade Trabalhista de Starmer"], no qual o ângulo central era a preocupação dos membros trabalhistas progressistas de que as recentes decisões do novo líder do partido estavam criando a impressão de que "o antissemitismo era visto como a forma mais séria de preconceito, enquanto a islamofobia e o racismo antinegro eram considerados menos importantes".

Então. Uma hierarquia de racismos é claramente um problema para os progressistas: desde que seja por aí.

Por muito tempo, apenas os judeus realmente se importavam com os judeus, apenas os judeus realmente se importavam com o antissemitismo. Agora que o antissemitismo, às vezes, pode parecer uma questão de direita e esquerda, percebo o surgimento de uma forma particularmente moderna de antissemitismo, que é uma associação de antiantissemitismo com valores do *establishment*. Para alguns, dizer "isso é antissemita" coloca alguém firmemente no campo do opressor. As pessoas que pensam assim, no entanto, esquecem que a noção de que os judeus controlam a mão do opressor os coloca no campo do supremacista branco Kevin Strom.

★ ★ ★

Enquanto isso, acho que há certos momentos na história – durante os protestos do Black Lives Matter de 2020, por exemplo – em que a luta contra o racismo e a discriminação dirigida a uma minoria em particular deve receber destaque. Mas, apesar da mudança antirracista vital e revolucionária que esses protestos estimularam, havia questões problemáticas em suas margens para os judeus. Por exemplo: em junho de 2020, depois que uma série de estátuas associadas à escravidão foi derrubada, o ativista americano Shaun King tuitou: "Sim, acho que as estátuas do europeu branco que eles afirmam ser Jesus também deveriam cair. Elas são uma forma de supremacia branca. Sempre foram. Na Bíblia, quando a família de Jesus quis se esconder e se misturar, adivinhe para onde eles foram. EGITO! Não para a Dinamarca. Derrube-as".

Então, em julho de 2020, após o questionamento generalizado sobre raça e etnia provocado pelo BLM, o arcebispo de York, o reverendo Stephen Cottrell, disse, no *Sunday Times*: "Jesus era um homem negro". Isso levou a muitos debates, como um artigo no

Forbes.com intitulado "Was Jesus Black or White?" [Jesus era negro ou branco?], que se inclinava fortemente para Jesus ser de pele morena, o que, sem dúvida, ele era.

Mas no artigo, como no tuíte de Shaun King, ou na entrevista do reverendo Cottrell, a única identidade racial pela qual o Jesus histórico é universalmente aceito não foi mencionada. Seu judaísmo não fazia parte da discussão e parecia, na resposta a essa pergunta, irrelevante. Parecia, de fato, apagado.

O movimento para reclassificar Jesus como não branco é bom e historicamente preciso. O apagamento, ao mesmo tempo, de seu judaísmo não é nenhum dos dois. De fato, isso está de acordo com séculos de a Igreja fazendo a mesma coisa. Alguns podem argumentar que a reinterpretação de Jesus como alguém do Oriente Médio de pele morena não exclui seu judaísmo. Teoricamente, claro, não. Mas a reivindicação Dele[30] como não branco, na verdade, passa por cima disso, porque não tem impacto político, nem revolucionário, para reiterar a identidade judaica de Jesus. A verdade disso fica clara na necessidade de King de destacar, a respeito da vida de Jesus, uma história do Evangelho que está apenas em Mateus: a fuga para o Egito. Ele poderia ter dito, se quisesse deixar claro que Jesus não era da Dinamarca, que ele viveu, pregou e foi crucificado na Judeia: na terra dos judeus no Oriente Médio. Mas ele não quer fazer isso, porque isso não é, a seus olhos, reconstruir Jesus longe de sua branquitude. Reiterar a identidade judaica de Jesus não faz, para Shaun King, nada por sua negritude. De fato, ao insistir agressivamente que um novo Jesus de cor precisa ser afirmado, a identidade "judeu" é passada, como tantas vezes acontece, para o lado da branquitude. Isso exclui os judeus com a categoria privilegiada generalizada da qual esse novo Jesus radical precisa ser afastado.

---

30. Como sabemos, sou ateu, mas estou apostando na letra inicial maiúscula porque deixa mais claro de quem estou falando, eu acho.

Da mesma forma, embora menos agressivamente, em agosto de 2020, um poeta chamado Omar Sakr tuitou esta imagem criada pelo fotógrafo Bas Uterwijk:

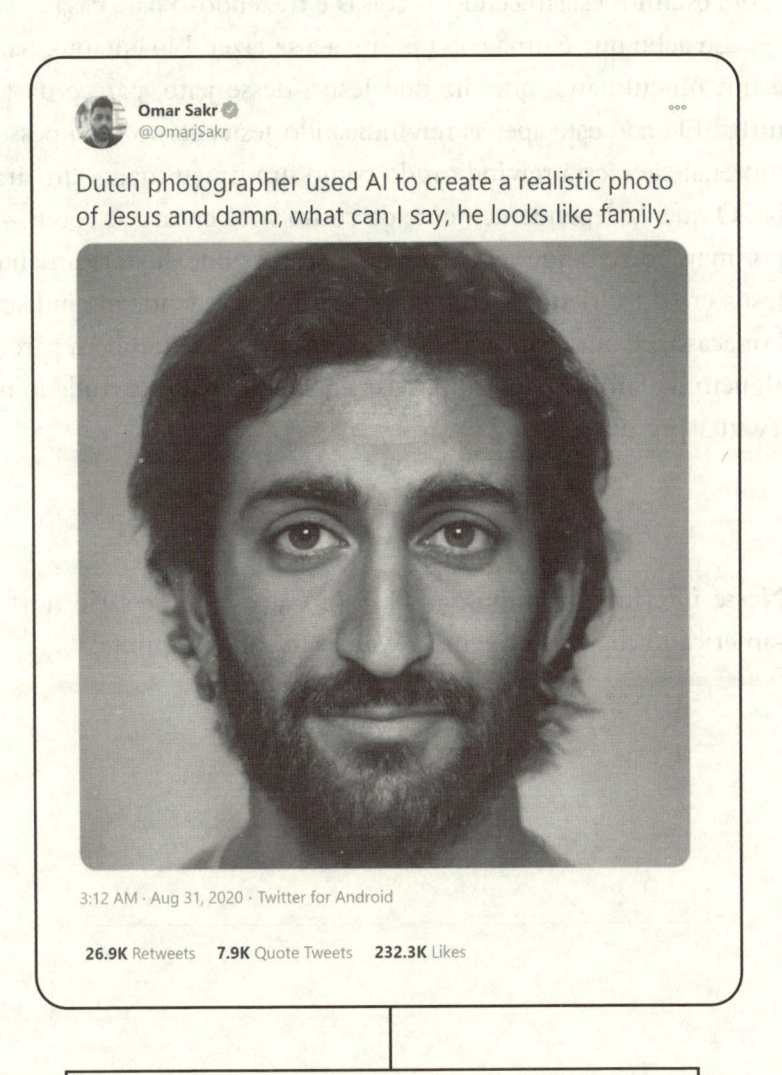

Omar Sakr
@OmarjSakr

Dutch photographer used AI to create a realistic photo of Jesus and damn, what can I say, he looks like family.

3:12 AM · Aug 31, 2020 · Twitter for Android

26.9K Retweets **7.9K** Quote Tweets **232.3K** Likes

Fotógrafo holandês usou IA para criar uma foto realista de Jesus, e, caramba, o que posso dizer, ele parece da família.

Você pode notar que isso tem muitos *likes* e retuítes, o que significa, no Twitter, aprovação. Pessoas gostam disso. Elas gostam porque reivindica Jesus. Diz "Jesus foi roubado por brancos, e agora estamos esclarecendo as coisas e trazendo-o para casa".

Eu acho que é uma coisa positiva a se fazer. No entanto, Sakr é um muçulmano, que diz que Jesus, desse jeito, parece da família. Ele não está apenas reivindicando Jesus como uma pessoa morena: ele o está reivindicando como um muçulmano, um árabe. O que, independentemente de como você encare as coisas – e por mais correto que seja lembrar às pessoas que, historicamente, Jesus era do Oriente Médio –, espezinha sua identidade judaica. Por acaso, eu olho para aquela foto e, caramba, ele também parece alguém da família para mim. Mas eu sei que só seria trollado no Twitter por dizer isso.

Nesse ínterim, em julho de 2020, um ator e empresário norte-americano chamado Kevin L. Walker tuitou o seguinte:

Fato:
O povo judeu migrou para "Hollywood", fundou-a e criou-a,
explorou os negros por sua #cultura & música e atendeu à
KKK e ao racismo na América.

Eles deliberadamente criaram um sistema social colocando
os negros no fundo... Daí o papel para o qual somos
mais escalados.

Ele continuou nessa linha por um tempo. É um exemplo clássico de racismo contra os judeus sendo apresentado como uma luta: como falar contra o sistema. A propósito, provavelmente vale a pena mencionar que este não é um exemplo #JewsDontCount. Isso é antissemitismo direto e ativo. O lado #JewsDontCount disso tudo é que houve muito pouco apelo progressista de Walker a esse respeito. E o Twitter, um local de onde você pode ser expulso por acidentalmente confundir o gênero de uma pessoa trans, não emitiu nenhuma suspensão ou mesmo repreensão.

Infelizmente, sempre houve uma história pouco comentada – porque apresenta uma questão incômoda, especialmente para os progressistas – do antissemitismo dentro de uma seção do ativismo negro. Temos, por exemplo, Malcolm X dizendo, entre as muitas coisas incríveis que ele disse, coisas como esta:

> Mas não vamos esquecer o judeu. Qualquer um que faça uma crítica justa ao judeu é instantaneamente rotulado de antissemita. O judeu chora mais alto do que qualquer outro se alguém o critica. Você pode dizer a verdade sobre qualquer minoria nos EUA, mas faça uma observação verdadeira sobre o judeu, e, se isso não lhe render um tapinha nas costas, então ele usará seu controle sobre a mídia para rotulá-lo de antissemita.

O que é um exemplo bastante clássico da dualidade alto-baixo: o judeu é, ao mesmo tempo, absurdamente poderoso e, ainda assim, uma criança que chora mais alto do que qualquer um quando criticada. No entanto, o alto é mais importante, porque veste o orador não com os trajes do racismo, mas da revolução. Quando Wiley lançou aquela série de declarações antijudaicas nas redes sociais, no verão de 2020, ele não estava, em sua mente, atacando uma minoria, mas, na tradição de Malcolm, expressando um grito rebelde, um brado contra o poder. Eu dei uma entrevista em resposta à Times Radio dizendo que "nunca antes houve ninguém com uma plataforma tão enorme atacando os judeus de maneira tão flagrante", e Wiley afirmou: "Porque todo o mundo estava com medo, é por isso".[31] Portanto, não é apenas um protesto, é um protesto *corajoso* – Wiley não é um racista, ele é um herói, finalmente se levantando e dizendo as coisas que precisam ser ditas, mesmo que isso traga a ira de todo esse poderoso *establishment* judeu sobre sua cabeça.

Talvez o exemplo mais extremo disso seja Louis Farrakhan, o líder da Nação do Islã, que continua a ter o apoio de alguns setores da comunidade ativista negra, apesar de dizer que o judaísmo é uma "religião de sarjeta" e que "Hitler era um homem verdadeiramente formidável". Mas deixe-me ser claro sobre algo. Farrakhan teve problemas por causa disso. Os progressistas foram tirar satisfações dele a esse respeito, e seu tipo de extremismo geralmente não é apoiado por eles.[32]

No entanto, ninguém diz a Farrakhan – como dizem, por exemplo, a mim, porque usei *blackface* em um esquete uma vez

---

31. Wiley também disse: "David Baddiel, venha e fale na minha cara". E também: "Emma Barnett, me coloque em seu programa". E comentou algo sobre Alan Sugar que agora não consigo encontrar na internet. Isso começou a me lembrar – isso é realmente uma piada para os fãs de futebol – do comentarista norueguês que, quando a Inglaterra perdeu para a Noruega, começou a listar todos os ingleses famosos de que conseguia se lembrar para transmitir sua sensação de triunfo. "Winston Churchill... Lady Diana... Lord Beaverbrook, seus rapazes levaram uma surra e tanto." Eu meio que podia ouvir Wiley em sua cabeça dizendo "David Baddiel... Emma Barnett... Alan Sugar...", mas depois ficando sem mais judeus em que ele pudesse pensar, apesar de nos infiltrarmos e possuirmos toda a mídia.

32. Não obstante, pouco antes de este livro ser impresso, havia um artigo de opinião no *New York Times* intitulado "A mulher por trás da marcha de um milhão de homens" cuja agenda foi tomada por alguns judeus como uma tentativa de reabilitar Farrakhan. Quando a questão da possível ofensa judaica foi apontada para a autora, a acadêmica Natalie Hopkinson, ela tuitou: "De alguma forma, entre um milhão de preocupações, você acredita que a sua deve chegar ao topo. Isso se chama privilégio"; e em um segundo tuíte: "Pessoas que se tornaram brancas não deveriam dar palestras sobre opressão para pessoas negras". O que talvez seja o melhor exemplo que eu já vi dos Brancos de Schrödinger, do ponto de vista de um observador progressista: um observador progressista que não vê nenhum problema em dizer aos judeus não apenas o que eles são, mas no que eles se transformaram.

– que ele agora não tem o direito de falar sobre o racismo que afeta sua própria comunidade. Em outras palavras: os progressistas vão criticar Farrakhan, Wiley e outros ativistas negros por antissemitismo. Mas eles não dirão a Farrakhan e Wiley que, por causa de seu racismo antijudaico, eles não podem falar sobre racismo antinegro. Ofender apenas um tipo de antirracismo pode levar a protestos pelo cancelamento de sua capacidade de falar sobre o racismo.

Da mesma forma, durante a repercussão do discurso de Wiley no Reino Unido, notei algumas pessoas dizendo que se sentiam desconfortáveis com os judeus indo ao rádio e criticando Wiley quando esses judeus não haviam feito o suficiente para ajudar a comunidade negra a se posicionar contra o racismo em sua luta. Isso me pareceu questionável, mas instrutivo. Embora seja indiscutível que apoiar a comunidade negra contra o racismo seja uma boa coisa a se fazer – e muitos judeus proeminentes o fazem; a história dos direitos civis, particularmente nos EUA, está, de fato, cheia de apoio franco e cooperativo de judeus e grupos judaicos –, não entendo por que, ao falar contra o racismo contra a própria minoria, é um *pré-requisito*. Ou, pelo menos, não é uma exigência que funcione ao contrário. Como costuma acontecer quando você aplica essa inversão aos judeus, isso começa a soar cômico. Mas vou apresentá-lo de qualquer maneira. Não consigo imaginar ninguém dizendo de um negro proeminente prestes a ir ao rádio e falar sobre o Black Lives Matter: "Espera aí – o que eles fizeram recentemente para ajudar os judeus em sua luta contra o antissemitismo?".

No centro disso está a já mencionada branquitude intermitente dos judeus. É um tema recorrente e sem coração do progressismo o de que o racismo inverso não existe: que, por causa das estruturas de poder sobre as quais a cultura ocidental é construída, não é possível para uma pessoa negra ser racista em relação a uma pessoa branca, e protestar racismo inverso indica principalmente que a pessoa que protesta é ela mesma racista, ou, pelo menos, está exibindo Fragilidade Branca e Privilégio Branco simultaneamente. Isso tem valor como ideia, mas toca em um problema com os judeus. Se os judeus são considerados brancos, é claro que o que Wiley ou Malcolm X, ou mesmo Louis Farrakhan, estão dizendo não é racista. De fato, a confusão de Wiley, como eu a vi, ao ser chamado à responsabilidade por seu antissemitismo foi em parte sobre isso. Pareceu-me que Wiley, em algum nível, apenas pensou: "Qual é o problema? Eu só estou insultando alguns brancos. E estamos autorizados a fazer isso".

É por isso que, para lembrar às pessoas que os judeus *são* uma minoria e *sofrem* racismo, é preciso – *eu* preciso – usar o tema recorrente de "vamos examinar como isso seria se acontecesse com qualquer outra minoria". Por exemplo, já que estamos falando do Black Lives Matter: pouco antes de deixar o Partido Trabalhista, no final de 2018, a deputada Luciana Berger compilou uma série de exemplos *on-line* de ódio antissemita direcionado a ela ("Então, você ainda está atrás da recompensa de um milhão de libras postada por Israel, Luciana? Eu não perderia meu tempo, eles não vão pagar" ou "fantoche israelense" ou "quantos *shekels*?"). Eu respondi pedindo aos progressistas que vissem o abuso racista contra Luciana Berger tão ruim quanto o abuso racista contra uma pessoa – um político – de cor: a então ministra dos Assuntos Internos Sombra, Diane Abbott. Fui imediatamente corrigido por vários progressistas sobre como o abuso não era equivalente e, óbvio, não era antissemita:

Wrong as usual. This is nothing to do with her ethnicity. Berger is being called out because she's a member of the shady Labour Friends of Israel. Same thing happens to the many non-Jewish LFI members - Ryan, Streeting, Gapes, Woodcock (when he was still Labour) et al.

12:59 AM · Dec 14, 2018 · Twitter Web Client

Errado como sempre. Isso não tem nada a ver com a etnia dela. Berger está sendo chamada à responsabilidade porque ela é membro dos obscuros Amigos Trabalhistas de Israel. A mesma coisa acontece com muitos membros não judeus da ATI – Ryan, Streeting, Gapes, Wookcock (quando ele ainda era um Trabalhista) e outros.

Eu esperava por isso. Mas, então, a própria Diane Abbott postou:

> **Diane Abbott MP** ✔
> @HackneyAbbott
>
> The targeted online abuse of women in public life is simply unacceptable.
>
> > **David Baddiel** ✔ @Baddiel · Dec 12, 2018
> > All the people who say, correctly, that the racist online abuse of @HackneyAbbott is unacceptable: this is the same. twitter.com/lucianaberger/...
>
> 8:45 AM · Dec 13, 2018 · Twitter Web Client
>
> **261** Retweets **22** Quote Tweets **1.1K** Likes

O abuso on-line dirigido a mulheres na vida pública é simplesmente inaceitável.

David Baddiel
Todos os que afirmam, corretamente, que o abuso on-line racista de @HackneyAbbott é inaceitável: isso é a mesma coisa. twitter.com/lucianaberger/...

Evidente que eu concordo. Mas notei algo mais sobre sua resposta. Abbott havia eliminado o antissemitismo – na verdade, toda a questão do racismo. Meu ponto é que as centenas de exemplos de abuso antissemita de Luciana Berger mostrados em seu tuíte deveriam atrair o tipo de reação dos progressistas que um agrupamento semelhante de abuso antinegro causaria. A postagem de Abbott ampliou a questão do abuso racista para aquele sofrido por mulheres na vida pública em geral.

Essa é exatamente a mesma tática que a direita emprega quando tenta combater o movimento #BlackLivesMatter, dizendo #AllLivesMatter. O sentimento pode soar virtuoso e verdadeiro, mas na verdade é apenas uma tentativa de ampliar o foco do debate para perder a especificidade das preocupações negras. Como ficou claro recentemente, há perigos particulares e urgentes envolvidos em ser negro com os quais todas as pessoas *não* precisam lidar, e a declaração #AllLivesMatter é simplesmente uma maneira de má-fé de encobrir isso. Da mesma forma, no *post* de Luciana Berger havia exemplos de racismo antijudaico que *nem* todas as mulheres vivenciam. E ao fazer isso sobre *todas* as mulheres, Diane Abbott estava evitando o antissemitismo.

Esse é um processo que percebo como sempre presente quando a esquerda é forçada a lidar com o antissemitismo. Como, por exemplo, quando o próprio Jeremy Corbyn e seus apoiadores se defendem da acusação de fechar os olhos para isso. O que eles costumam dizer é: "Somos contra o antissemitismo e todo tipo de racismo". Como um mantra, isso foi ouvido repetidas vezes entre 2015 e 2019 e continua nas discussões em andamento em torno de Corbyn no momento em que escrevo. Parece bom. Parece certo. Mas para estes ouvidos, o reflexo da necessidade de sempre seguir o termo "antissemitismo" com "e todos os tipos de racismo" é o All Lives Matter da esquerda.

E quanto a Israel? Israel não é *realmente* um opressor? A maioria desses livros sobre o novo ódio aos judeus não é realmente sobre Israel e como o ódio da esquerda por esse país se espalha do antissionismo para o antissemitismo? Bem, sim, eles são, mas eu meio que penso: Foda-se, Israel. Eu chamo Israel, no Twitter, de maldito estúpido Israel, o que tende a incomodar alguns judeus, mas não é realmente um comentário sobre o país em si. Tem mais a ver com o debate, a maneira como tudo o que alguém diz sobre esse assunto tão rapidamente é arrastado para a porra da estúpida disputa de gritos. Ou de fato *não* sobre esse assunto. Aqui está um momento típico do Twitter de minha linha do tempo:

Eu já estava havia um bom tempo nas redes quando costumava distribuir um prêmio para esse tipo de tuíte, chamado #BringIsraelPalestineIntoItSomeFuckingHow [Traga Israel Palestina para cá de alguma forma]. Então percebi que estava acontecendo com tanta frequência que se tornou inútil.

Para aqueles que podem estar se perguntando, minha posição sobre Israel é: não me importo com ele mais do que com qualquer outro país, e presumir que me importo é racista. Supor que tenho que ter uma posição forte sobre Israel, seja de que lado for, é racista. Porque sou um britânico. Um judeu, sim, mas minha identidade judaica tem a ver com Groucho Marx, Larry David, Sarah Silverman, Philip Roth, *Seinfeld*, Saul Bellow, arenque em conserva, Páscoa em Cricklewood em 1973, minha mãe sendo uma refugiada dos nazistas, eu usando um quipá em minha escola primária judaica – e nada disso se relaciona com um país do Oriente Médio a 5 mil quilômetros de distância. E também: os israelenses *não são* muito judeus, de qualquer maneira, no que diz respeito a minha relação com a identidade judaica. Eles são muito machistas, muito malhadões, agressivos e confiantes. Como eu digo sobre eles – ou, para ser mais preciso, como Lenny, um personagem taxista judeu-americano que inventei para meu filme *Santa paciência*, diz deles: "Judeus sem angústia, sem culpa. Portanto, não são realmente judeus".

Há quem ache que esta é uma atitude insensível, que eu deveria me importar mais com os palestinos. Eu me importo, mas não mais do que com a minoria muçulmana rohingya, ou com as pessoas que sofrem na Síria, ou com as mulheres yazidis,[33] ou com as crianças famintas em Burkina Faso. Eu me importo com todas essas coisas, mas não o suficiente, porque, se eu me importasse – se eu fosse uma pessoa melhor –, desistiria de minha vida luxuosa em Londres e iria ajudar algumas delas. Mas como não sou essa pessoa, a ideia de que eu deveria me preocupar *mais* com os palestinos cheira a algo estranho. Cheira a uma ideia de que, de alguma forma, os judeus – judeus não israelenses – devem se desculpar

---

33. Minoria curda cujas mulheres foram escravas sexuais do Estado Islâmico. https://www.nationalgeographicbrasil.com/fotografia/ex-escravas-sexuais-do-isis-mulheres-yazidis-recuperam-a-fe-e-a-dignidade. (N. T.)

por Israel: que os judeus – judeus não israelenses – devem se sentir um pouco envergonhados de Israel e devem, antes de serem autorizados a participar de qualquer tipo de conversa pública, fazer algum tipo de declaração suplicante nesse sentido.

Eu acho, por falar nisso, que muitos judeus de esquerda *têm* vergonha de Israel e, portanto, se desdobram para dizer isso. Tudo bem. Não estou sugerindo que o Estado de Israel não tenha tomado muitas atitudes das quais se envergonhar. Mas tem um detalhe: não sou responsável por essas ações, e esperar que eu me sinta assim é racista. Se um judeu não israelense se sente responsável, trata-se de racismo *internalizado*. Para ser completamente sincero, acho que um bom número de judeus na esquerda tem vergonha de ser judeu. Para mim, os judeus de esquerda, em certa medida, absorveram os mitos sobre os judeus serem ricos capitalistas traficantes de poder e, dessa forma, enfatizam o quão não judeus eles são, com o corolário objetivo de odiar Israel. Eu penso: "Israel? Pfff".

#JewsDontCount tem muitos antecedentes históricos. Um memorando distribuído pelo Ministério da Informação britânico em 1940, uma instrução para seus próprios propagandistas, sugeria que a ideia de atrocidade — o que chama de "horror" – "deve ser usada com muita parcimônia e deve lidar com o tratamento de pessoas indiscutivelmente inocentes: não com criminosos violentos e não com judeus". Essa instrução veio de uma série de crenças. Principalmente, veio de um sentimento, predominante no governo da época, de que o público britânico não deveria sentir que estava lutando uma guerra em nome dos judeus. Mas, por baixo disso, há algo mais profundo. Por baixo disso está uma crença forte de que os judeus não pertencem à categoria dos indiscutivelmente inocentes: que, apenas pelo fato de serem judeus, eles pecaram. O memorando mostra a crença de que, para apoiar uma luta contra uma terrível injustiça, os britânicos comuns têm de sentir que essa injustiça é 100% injustificada: e quem pode acreditar nisso, realmente, sobre os judeus?

Dito de outra forma: os judeus não estão no círculo sagrado. Não vale muito a pena protegê-los. O mesmo lapso,[34] freudiano ou não, foi cometido em 1980 pelo então primeiro-ministro francês, Raymond Barre. Após uma tentativa de ataque terrorista a uma sinagoga em Paris, Barre a descreveu como "um atentado odioso que queria atingir os judeus que estavam naquela sinagoga e atingiu franceses inocentes que atravessavam a rua". O que significa que em algum lugar do subconsciente de Barre aqueles judeus que foram alvo do ataque não eram inocentes: e também não eram franceses.

E depois há as pessoas para quem o lapso talvez não seja um lapso. Vamos dar uma olhada em Jenny Tonge, que está sentada na Câmara dos Lordes. Ela era originalmente uma democrata liberal, embora, depois de uma série de declarações antissemitas, tenha sido finalmente expulsa desse partido. Durante o tempo de Jeremy Corbyn como líder do Partido Trabalhista, ela se tornou uma apoiadora dele. Tonge publica regularmente em sua página do Facebook. Por exemplo, logo após o massacre de devotos judeus em Pittsburgh, em 2018, pelo supremacista branco Robert Bowers, ela postou:

---

34. Enquanto eu reformulava este livro, minha editora escreveu na margem: "Estamos chamando o exemplo anterior de lapso?". Pensei bastante sobre isso. Vejo que o ponto dela é que chamar a frase no memorando do Ministério da Informação de lapso parece minimizar algo potencialmente horrível, mas em algum nível esse é o termo correto. Na verdade, é uma espécie de termo adequado para o que eu percebo como o problema com o qual todo este livro está lutando, que é um conjunto de suposições inconscientes e atitudes em relação aos judeus que escapam de fininho e, muitas vezes, mais significativamente, entram de fininho também.

Absolutamente terrível e um ato criminoso, mas já ocorreu a Bibi Netanyahu e ao atual governo israelense que suas ações contra os palestinos podem estar reacendendo o antissemitismo?
Suponho que alguém dirá que é antissemita dizer isso.

Oito mortos em tiroteio na sinagoga de Pittsburgh; atirador gritou "Todos os judeus devem morrer".

Ao que eu respondi que era "antissemita pra cacete dizer isso". O que talvez tenha sido uma resposta menos moderada do que a da Campanha de Solidariedade à Palestina [PSC, na sigla em inglês], uma organização à qual Tonge pertence, mas à qual renunciou logo após seu tuíte. A PSC disse em um comunicado que, "embora o *post* reconhecesse que os assassinatos foram terríveis e um ato criminoso, ele corre o risco de ser lido como implicando que o antissemitismo só pode ser entendido no contexto de uma resposta ao tratamento de Israel aos palestinos. Tal visão corre o risco de justificar ou minimizar o antissemitismo". Essa é uma declaração perspicaz. Ela aponta algo fundamental sobre o antissemitismo, que é uma profunda resistência à ideia dele como o que você pode chamar de racismo autônomo. Os judeus devem sempre ser, de alguma forma, responsáveis. Se não são os banqueiros e o capitalismo, é Israel.

Jenny Tonge realmente não ouviu, porém, a Campanha de Solidariedade à Palestina. Logo após esse *post*, ela dobrou a aposta. Em 11 de agosto de 2019, em resposta a um vídeo postado por uma mulher da Nova Zelândia intitulado "Por que sou sionista", ela escreveu:

Jenny Tonge shared a video.
August 11 at 9:27 AM · ⊙

This is excruciating to listen to. Self justification, complacency, manipulation of 'history'. Just sickening.
We would all like a safe haven to run to when the going gets tough, but we stay on and ask why it is getting tough. Why have the Jewish people been persecuted over and over again throughout history. Why? I never get an answer. If we discussed this we would be accused of anti Semitism, so better not, and so it goes on!

Isso é excruciante de ouvir. Autojustificação, complacência, manipulação da "história". Simplesmente repugnante.
Todos nós gostaríamos de um porto seguro para onde correr quando as coisas ficam difíceis, mas permanecemos e perguntamos por que está ficando difícil. Por que o povo judeu foi perseguido repetidamente ao longo da história? Por quê? Eu nunca recebo uma resposta. Se discutíssemos isso, seríamos acusados de antissemitismo, então melhor não, e assim segue!

Eu postei:

David Baddiel ✓
@Baddiel

And meanwhile I'd like to know why Jenny Tonge, a Lib Dem peer in the House of Lords - the Lib Dems btw, have always had their fair share of anti-Jewish racists - can say this and retain her seat there, as the implication of her question *is* just straightforward Nazism.

> E enquanto isso, eu gostaria de saber por que Jenny Tonge, membro liberal democrata na Câmara dos Lordes – a propósito, os liberais democratas sempre tiveram seu quinhão de racistas antijudeus –, pode dizer isso e manter seu assento lá, uma vez que a implicação de sua pergunta **é** simplesmente o nazismo direto.

Uma das coisas sobre ser um não sionista é que isso o coloca em uma posição interessante com os antissemitas de esquerda. A maioria dos antissemitas de esquerda assume que você só está usando o grito de "antissemitismo!" porque você é um sionista. Como não sou sionista, isso é confuso. Embora não devesse ser, é claro; se o que estou fazendo é gritar "antissemitismo!" é porque vi algo antissemita.

O antissemitismo é bastante evidente neste caso, eu diria; nem mesmo se esconde à vista de todos. Antissionistas declarados como Tonge, para evitar acusações de antissemitismo, normalmente tomam cuidado para não usar a palavra "judeus" ou "judaico". Até o teórico da conspiração David Icke tende a usar religiosamente a expressão "sionistas Rothschild" quando se refere a judeus. Portanto, é bastante surpreendente que ela inclua "o povo judeu" nesse *post*. Mais: o povo judeu "ao longo da história". Como sabemos, Israel não existiu ao longo da história. Então, o que ela está falando aqui é claramente uma condição eterna, uma configuração padrão dos judeus.

A implicação de Tonge em sua pergunta – "Por que o povo judeu foi perseguido ao longo da história?" – é que deve haver algum motivo para essa perseguição, e a culpa é dos judeus. Trata-se do que hoje chamamos de culpabilização da vítima, embora não seja um termo com o qual, digamos, Adolf Hitler estaria familiarizado quando afirmou em *Minha luta* que o judeu "era apenas e sempre um parasita no corpo de outras pessoas". A propósito, para encontrar essa citação, fui a um capítulo aleatório de *Minha luta* e coloquei no mecanismo de busca a palavra "sempre" – porque a única coisa que sei sobre o antissemitismo é que o antissemita acredita que os judeus nunca mudam, razão pela qual eles podem ser perseguidos ao longo da história.[35]

Alguns poderiam dizer que Tonge estava fazendo uma boa pergunta, que é: qual a razão *externa* para esse racismo contra os judeus ao longo da história? Para a qual a resposta pode ser que todas as culturas majoritárias precisam ter um objeto de ódio de fora e, para as culturas cristãs, em particular, essa posição há muito é preenchida pelos judeus. Mas eu sei que essa não é a pergunta que ela está fazendo, nem a resposta que ela quer. Eu sei que a pergunta que Tonge diz que gostaria de responder não é sobre as estruturas de poder psicossociais que perpetuam o racismo contra os judeus, mas: *o que é que os judeus fazem – sempre, eternamente, ao longo*

---

35. Sempre tome cuidado com o *sempre* de antissemitas. Um filme central de propaganda nazista tem por título *O judeu eterno*. Um exemplo mais recente foi Roald Dahl, que em 1982 disse: "Há uma característica no caráter judeu que provoca animosidade. Talvez seja uma espécie de falta de generosidade para com os não judeus. Quero dizer, sempre há uma razão para que anti-qualquer-coisa apareça em qualquer lugar. Mesmo um canalha como Hitler não os perseguia sem motivo". O que não é, novamente, um exemplo de #JewsDontCount. O exemplo #JewsDontCount é que no Reino Unido comemoramos o Dia de Roald Dahl, quase sem tremor.

da história – para se tornarem tão notavelmente perseguíveis? E que a resposta – a resposta indizível – que ela tão desesperadamente afirma querer ("Eu nunca recebo uma resposta") é de fato a que ela tem absolutamente pronta, e é uma imagem em sua cabeça não muito diferente daquela do mural que Mear One pintou naquela parede com os banqueiros judeus jogando Banco Imobiliário nas costas dos pobres do mundo.

É possível também sentir a sugestão oculta dos judeus, como vermes repugnantes, aparecendo no tuíte de Tonge.[36] Eu não havia até então assistido ao vídeo que a provocou até esse ponto, mas acabei de assisti-lo para ver o que havia de tão repugnante nele. Trata-se de uma mulher judia da Nova Zelândia, totalmente ciente, como a maioria dos judeus agora, de como um sionista é considerado uma coisa ruim por reflexo, explicando por que ela, mesmo assim, é sionista. Embora não sendo sionista, não fiquei repugnado com isso. Eu não concordei com isso. Mas não fiquei repugnado com isso. E espero ter repetido o suficiente "repugnante/repugnado" para deixar claro meu ponto: a resposta de Jenny Tonge foi, para usar um termo que os antissionistas usam muito, desproporcional.

Sua resposta é visceral, é física: o vídeo a repugna. Sua resposta é de desgosto: desgosto para com os judeus, tanto por manipular a história (*status* elevado) quanto por querer, choramingando, um porto seguro para onde fugir (*status* baixo). Desgosto para com os judeus por não serem os durões que prosseguem quando as coisas ficam difíceis (como, por exemplo, quando um pai está sendo

---

36. Uma coisa sobre a parte baixa da dualidade antissemita alto-baixo é que a imagem dos judeus que vem com ela é sempre fraca e desprezível, mas nunca vitimizada. No ódio bilateral, a baixeza dos judeus é que eles são hediondos, irritantes e repugnantes, mas esta é apenas uma condição de ser judeu, não é imposta a eles.

conduzido nu sob a mira de uma arma com seus filhos para uma vala comum que ele mesmo cavou).

Esse desgosto é o que leva Tonge ao silêncio, o silêncio no coração do tuíte. Para qualquer um que ainda tenha dúvida sobre o que ela quer dizer, sua frustração imaginária por não ter permissão para falar a verdade ao poder judeu – "nós seríamos acusados de antissemitismo" – é onde, para citar Bono Vox, ela se entrega. Porque não seria antissemita fazer a pergunta: por que as culturas majoritárias sempre precisam de uma minoria para temer e odiar? O que há na psicose da corrente dominante que requer Emmanuel Goldstein e seus Dois Minutos de Ódio?[37] Só pode ser antissemita fazer a outra pergunta, a pergunta que não é uma pergunta, mas apenas uma declaração de ódio: o que há nos judeus que os torna tão odiosos?

E então, só para confirmar que é isso que Jenny Tonge quer dizer, recebi este tuíte em resposta ao meu:

37. No romance distópico *1984*, de George Orwell, Dois Minutos de Ódio é o período público diário durante o qual membros do Partido Externo da Oceania devem assistir a um filme retratando Emmanuel Goldstein, o principal inimigo do estado, e seus seguidores, e expressar em voz alta seu ódio pelo inimigo e, em seguida, seu amor pelo Big Brother. O propósito político dos Dois Minutos de Ódio é permitir que os cidadãos da Oceania expressem sua angústia existencial e ódio pessoal contra inimigos politicamente convenientes: Goldstein e o superestado inimigo do momento. Ao redirecionar os sentimentos subconscientes dos membros para longe do governo do Partido na Oceania e para inimigos externos inexistentes, o Partido minimiza o crime de pensamento e os consequentes comportamentos subversivos de criminosos de pensamento. https://en.wikipedia.org/wiki/Two_Minutes_Hate. (N. T.)

Replying to @Baddiel

But that is a fair question!! Why?
You always brings nazi everytime the questiom arise.
You even bring Nazi while killing Palestine. Why?
The next generation will think Holocaust is a scam by
Zionist.
Better make more Evil Nazi movies fast!

2:43 PM · Aug 18, 2018 · Twitter for Android

Respondendo a @Baddiel

Mas essa é uma pergunta justa!! Por quê? *Você sempre trazes nazista toda vez que surge a pergumta.* Você até traz nazista enquanto mata a Palestina. Por quê? A próxima geração pensará que o Holocausto é uma farsa dos sionistas. Melhor fazer mais filmes de nazistas malvados rápido!

É difícil saber quem é ███████. Ela se apresenta também como uma pessoa de cor e muçulmana, acho que da Indonésia, mas é perfeitamente possível que seu nome verdadeiro seja Sergei, e trabalhe em um porão em São Petersburgo.

Mas vamos supor, por um momento, que ela seja real. É difícil desconstruir seu tuíte, porque, obviamente, ela não fala bem minha língua e, obviamente, não fala bem a língua da lógica. Mas ela está fazendo algo que ajuda minha lógica, que está extraindo o racismo não tão latente no tuíte de Jenny Tonge. Ela fez isso de maneira mais eficaz em suas conversas contínuas com outras pessoas:

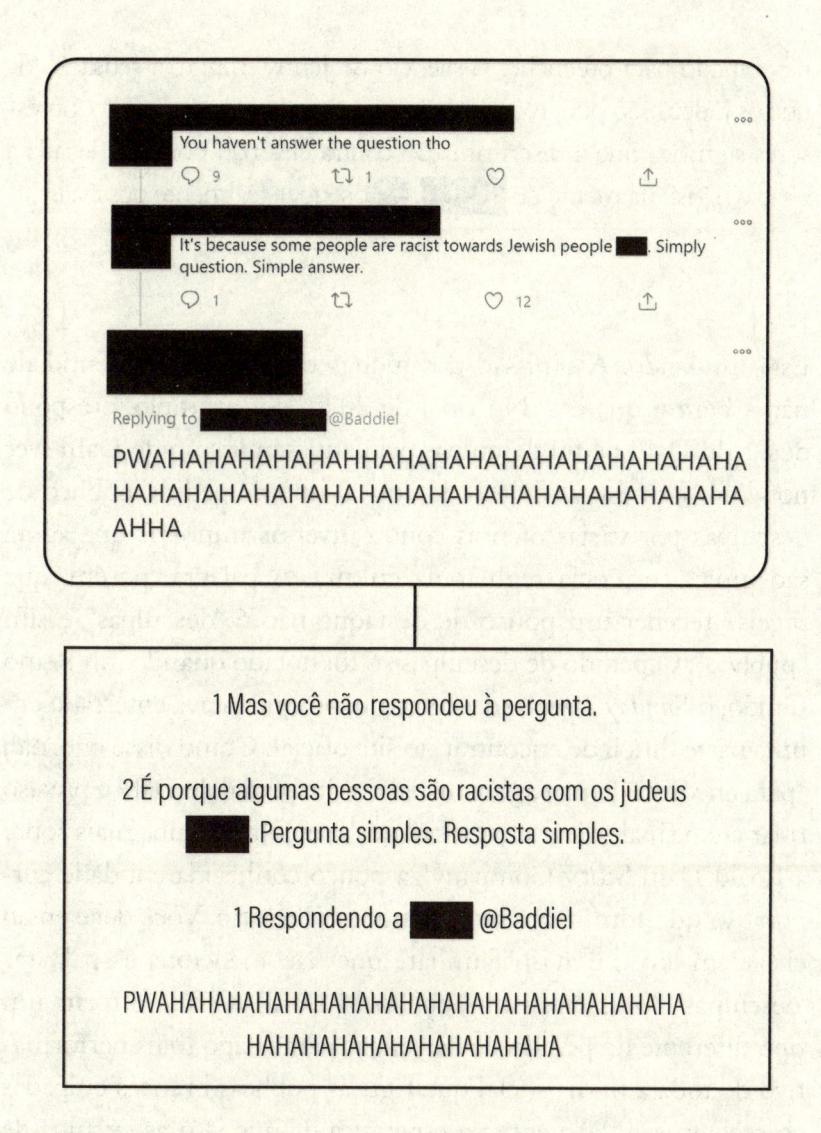

Bem, ██████████, você não está tão preocupada quanto Jenny Tonge com discrição e, portanto, com silêncio. Ela não precisa se preocupar em ser acusada de antissemitismo e, portanto, fica feliz apenas em rir diante de uma acusação nesse sentido. Mais profundamente, ela apenas pensa que a ideia de que os judeus possam sofrer racismo é em si risível. O que mais uma vez é útil, pois pode ser rebobinado para preencher o silêncio de Jenny Tonge: a sensação de que os judeus são poderosos e estão no controle e são, portanto, opressores significa que a discriminação contra eles não pode ser levada a sério e não é, na mente de ████, ██, sequer realmente possível.

Está mudando. A omissão dos judeus da política de identidade não é bem o que era. No final de 2020, por exemplo, o espólio de Roald Dahl pediu desculpas pelo antissemitismo de Dahl (ver nota 35). Isso estava de acordo com o tipo de pedido público de desculpas por várias ofensas contra diversas minorias que agora são uma ocorrência regular na cultura. A palavra, porém, que precisa receber um pouco de destaque não é "desculpas" e sim "público". O pedido de desculpas só foi notado quando, no Reino Unido, o *Sunday Times* o desenterrou, porque estava enterrado em uma parte difícil de encontrar no site oficial. Como disse o jornal, "para encontrá-lo na página inicial do site oficial de Dahl é preciso rolar até o final, clicar em 'Sobre nós' e escolher 'Saiba mais sobre a Roald Dahl Story Company', a pouco conhecida entidade corporativa que administra seu patrimônio literário. Você deve então clicar em 'RDSC e aviso familiar', que não menciona as palavras 'desculpas', 'antissemitismo' ou Roald Dahl". O que o torna um tipo diferente de pedido de desculpas para o tipo mais performativo de toda a mídia social que figuras públicas brancas culpadas empregam regularmente na esperança de que isso as exculpe de outros tipos de racismo histórico. Além disso, a mesma edição do *Sunday Times* incluiu um grande artigo sobre um futuro drama familiar de Natal na TV, *Roald & Beatrix: The Tail of the Curious Mouse*, o que dava a entender que a reputação comovente de Dahl no Reino Unido, de alguma forma, permaneceria intacta.

Permanece incerto até que ponto os próprios judeus estão preparados para ir a fim de criar um campo de jogo nivelado.

Em 1º de dezembro de 2018, Giles Coren, crítico de restaurantes do *Times* e judeu, fez uma avaliação do Ivy Café em St. John's Wood, um bairro rico e bastante judeu no norte de Londres. Giles começou a crítica dizendo que em três ocasiões, não fazia muito tempo, ele se sentara com outros gourmets, outros críticos, que não eram judeus e que, ao falar sobre esse restaurante, o chamavam de Oy Vey[38] Café.

Giles menciona isso no início da crítica e depois demonstra preocupação. Ele deveria ou não ter dito algo? A piada é racista ou não? Aqueles que fizeram a piada sabiam ou não que ele era judeu? Giles basicamente entra em um estado de confusão ao longo das linhas de ELES NOS ODEIAM: E NÃO VAMOS CRIAR CASO SOBRE ISSO. Eu postei: "Dê o nome do racista escroto e o faça passar vergonha. Acabou o tempo de os judeus rirem dessa merda e pensarem que a ofensa contra nós não importa como importa para outras minorias".

Isso foi, até certo ponto, uma bravata. Não sei se acabou. Não sei se os judeus estão agora preparados para fazer o mesmo tipo de rebuliço que outras minorias. Mas entre 2015 e 2019, a classificação do Partido Trabalhista de Corbyn como antissemita teve o efeito de mobilizar politicamente, pela primeira vez, a comunidade judaica britânica. O que também, pela primeira vez, pelo menos desde a Segunda Guerra Mundial, levou a uma comunidade mais ampla. O antissemitismo como um problema foi notado. Havia artigos sobre isso em jornais não judeus; políticos foram questionados a esse respeito na TV; havia até uma hashtag – #enoughisenough[39] – que pode ou não ter sido tendência no Twitter.

---

38. Frase em iídiche que pode ser traduzida como "Oh, não!". A pronúncia é praticamente a mesma de "Ivy".(N. T.)

39. Em tradução livre: "já chega, tudo tem limite". (N. T.)

Foi também, é claro, uma marca à qual muitos da esquerda resistiram massivamente, incluindo judeus de esquerda. Como eu disse antes, a ideia progressista de que é prerrogativa daqueles que sofrem racismo dizer "isso é racismo" não foi aceita por todos os progressistas britânicos naquela época. Em vez disso, o que aconteceu foi que grande parte da esquerda[40] se entregou, desde o início, ao ato nada progressivo de culpar as vítimas (bem como ao entãosismo: "E a islamofobia no Partido Conservador?" etc.). Sem dúvida, *havia* exemplos nas longas idas e vindas de acusações e defesas em torno da questão do antissemitismo do Partido Trabalhista, em relação à qual a comunidade judaica reagiu exageradamente. Sem dúvida, os inimigos do Partido Trabalhista também usaram a questão como arma. Vamos dar uma olhada em um exemplo desse uso.

O secretário da Saúde britânico Matt Hancock foi filmado falando, antes da eleição de 2019, em seu próprio círculo eleitoral. Ele teve de encarar alguns problemas com a promessa do manifesto conservador de fornecer ao NHS [sigla em inglês para Sistema Nacional de Saúde] 50 mil novas enfermeiras. A multidão ficou inquieta. Desesperadamente, ele lançou mão de uma carta na manga: o antissemitismo do Partido Trabalhista. Foi um movimento cínico e de pânico. Mas a reação da multidão é, a meus ouvidos, surpreendente. Ao receber a promessa de Hancock de "combater as atitudes racistas antissemitas de Jeremy Corbyn", a multidão o vaia, pragueja, levanta-se

---

40. Existe uma coisa *on-line*, chamada #notallmen [nem todos os homens] ou #notallwhites [nem todos os brancos], que é uma *hashtag* satírica. #Notallmen, por exemplo, é frequentemente colocada por feministas depois de algo crítico ao patriarcado, porque elas sabem que se acusarem "homens" de fazerem algo, os homens *on-line* responderão se desculpando dessa acusação. Da mesma forma, neste caso, obviamente, estou ciente de que esse comportamento que descrevo precisa do qualificador #noteveryoneonthe-left [nem todos na esquerda].

e tira-lhe o microfone. Então eu vi imagens disso em toda a mídia social, muitas delas postadas positivamente por progressistas, várias vezes com manchetes engraçadas como "Barraco". Aí, eu postei:

David Baddiel ✔
@Baddiel

The upbeat, jocular RT'ing of this vid by progressives...hmm. Hancock is a Tory twat, playing the anti-Semitism card here in a crass way. And yet: my ears still found the baying of the mob, on hearing the word anti-Semitism, terrifying.

O retuíte otimista e jocoso desse vídeo pelos progressistas... hmm. Hancock é um conservador imbecil, jogando a carta do antissemitismo aqui de uma forma grosseira. E mesmo assim: meus ouvidos ainda acharam o rugido da multidão, ao ouvir a palavra antissemitismo, aterrorizante.

Imediatamente, recebi muita fúria progressista contra mim. Aqui está um dos menos furiosos:

Replying to @Baddiel

Sorry David, but I honestly think you are losing it. You've got yourself buried in all this and seeing things that are not there. I will stand up and fight against any form of racism or bigotry, but you need to take a step back and look again.

11:29 AM · Dec 2, 2019 · Twitter Web App

Respondendo a @Baddiel

Desculpe, David, mas sinceramente acho que você está perdendo o controle. Você se enterrou em tudo isso e viu coisas que não existem. Vou me levantar e lutar contra qualquer forma de racismo ou fanatismo, mas você precisa dar um passo para trás e olhar novamente.

Isso inclui a promessa "Vou me levantar e lutar contra qualquer forma de racismo ou fanatismo". O que é algo interessante de se dizer ao dispensar um judeu que afirmou estar com medo do barulho que uma multidão vem fazendo quando desencadeado pela palavra "antissemitismo". Aqui está outro:

I think it's less about the mob rejecting the idea of there being anti-Semitism on the left, and more how obvious it is that Hancock does not care about Jews but is using anti-Semitism as a shameless and lazy "go to" strategy when attacking the opposition.

💬 1   🔁 3   ♡ 130   ⬆

David Baddiel ✓
@Baddiel

Replying to @runners_up1976

As I've said, I agree with that. And *still* think it's a bad sound to Jewish ears. I wonder if that cognitive dissonance can be held by those not directly threatened by a/s. Maybe it can't.

Eu penso menos sobre a multidão rejeitando a ideia de haver antissemitismo na esquerda e mais sobre como é óbvio que Hancock não se importa com os judeus, mas está usando o antissemitismo como uma estratégia descarada e preguiçosa de obter vantagem ao atacar a oposição.

David Baddiel
Respondendo a @runners_up1976

Como eu disse, concordo com isso. E **ainda** acho que soa mal aos ouvidos judeus. Eu me pergunto se essa dissonância cognitiva pode ser mantida por aqueles que não são diretamente ameaçados pelo antissemitismo.
Talvez não possa.

O que estou fazendo lá, talvez, seja aproximar-me de █████████, e das pessoas assistindo a minha conversa com ███████, supondo que reconhecerão que o que não podem incluir, em sua compreensão disso, é a experiência vivida de ser judeu. Achei que ao deixar clara minha própria vulnerabilidade, usando palavras como "ameaçado" e "aterrorizante", as pessoas entenderiam que estou apresentando uma ideia complexa, ou até contraditória: estou ciente de que Hancock vem jogando o antissemitismo como uma carta, mas essa consciência é substituída pelo som puro de uma multidão reagindo com zombaria, desdém e violência à palavra "antissemitismo". Qualquer que seja o contexto, por mais grosseiro que Matt Hancock se mostre, esse som, para os ouvidos judeus (e a maioria dos judeus concorda), é assustador. Acho que o que nunca foi entendido por aqueles no Partido Trabalhista que ficaram na defensiva em relação à questão do antissemitismo entre 2015 e 2019 é o quão assustados, no fundo, os judeus estão. Os judeus, especialmente os de minha geração, foram criados sob a sombra do Holocausto. Minha mãe nasceu na Alemanha nazista. Eu existo apenas por um detalhe.

Sim, sim: os nazistas. Em minha opinião, entre aqueles que rejeitariam o antissemitismo há um pouco de cansaço nazista. A Lei de Godwin é um ditado da internet que afirma: em qualquer discussão *on-line*, eventualmente, alguém fará uma analogia com os nazistas do que está sendo discutido, ponto em que a discussão terminará. Concordo que é melhor, em termos de debate, evitar comparações com os nazistas. Percebi, porém, que às vezes as pessoas não percebem que há uma exceção a essa regra. Aqui está alguém chamado ██████, que não percebe:

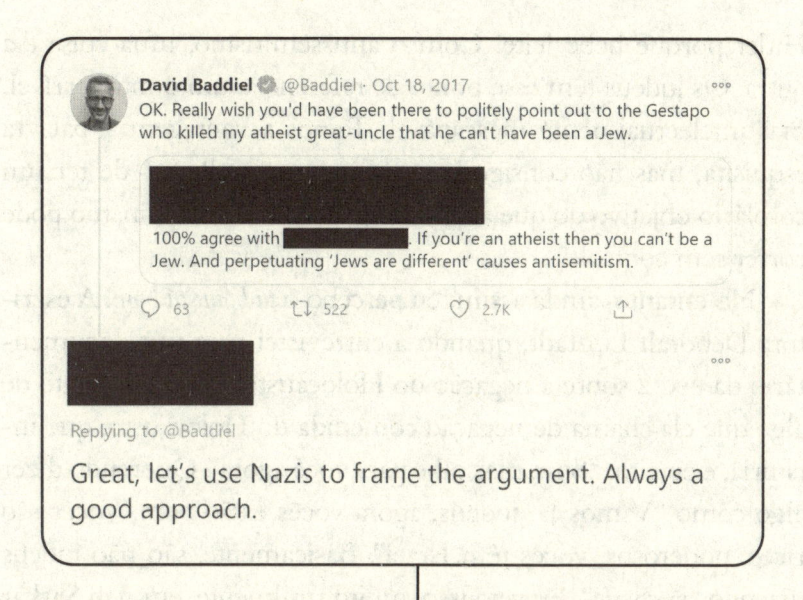

David Baddiel @Baddiel · Oct 18, 2017

OK. Really wish you'd have been there to politely point out to the Gestapo who killed my atheist great-uncle that he can't have been a Jew.

100% agree with ▮▮▮▮▮. If you're an atheist then you can't be a Jew. And perpetuating 'Jews are different' causes antisemitism.

◯ 63   ↻ 522   ♡ 2.7K   ↑

Replying to @Baddiel

Great, let's use Nazis to frame the argument. Always a good approach.

David Baddiel
OK. Eu gostaria muito que você estivesse lá para ressaltar educadamente para a Gestapo que matou meu tio-avô ateu que ele não pode ser judeu.

100% de acordo com ▮▮▮. Se você é ateu, então não pode ser judeu. E perpetuar "judeus são diferentes" causa antissemitismo.

Ótimo, vamos usar os nazistas para elaborar o argumento. Sempre uma boa abordagem.

O que ▮▮▮▮ não percebeu é que, quando você está falando sobre antissemitismo, é sempre bom se referir aos nazistas. Porque não é como debater o veganismo e depois chamar alguém de

Hitler porque bebe leite. Com o antissemitismo, uma coisa é a outra. Os judeus têm esse ponto de referência, um ponto terrível, mas intelectualmente inescapável. Temos a vantagem – palavra esquisita, mas não consigo pensar em uma melhor – de ter um corolário objetivo do que acontece quando o antissemitismo pode correr sem controle.

No entanto, ainda assim: eu percebo o *tá bom, tá bom*. A escritora Deborah Lipstadt, quando a entrevistei para um documentário da BBC 2 sobre a negação do Holocausto, falou a respeito de algo que ela chama de negação comedida do Holocausto, que incluiria, e eu cito: "Sim, mas olhe para você agora". Querendo dizer algo como "Vamos lá, judeus, agora vocês estão bem. Vocês são ricos, poderosos, vocês têm Israel". Basicamente, são não judeus dizendo "já chega". Eu vejo isso, muito sutilmente, em Ash Sarkar dizendo "neste ponto da história" na frase: "O antissemitismo, neste ponto da história, é experimentado sobretudo como preconceito e hostilidade em relação aos judeus como judeus, em grande parte sem aspectos de expropriação material". De uma maneira muito simples, é claro, Sarkar está certa: os judeus, em geral, não vêm tendo seus bens retirados deles como aconteceu durante a década de 1930, na Alemanha. Mas isso é imaginar que a história não vive tanto na memória quanto na cultura. Eu nasci dezenove anos após o fim da guerra – à medida que envelheço, parece que foi ontem. A expropriação e o trauma vividos por meus avós não terminaram com eles. Meu avô entrou e saiu de um hospital psiquiátrico pelo resto da vida com depressão clínica. Minha mãe era uma mulher incrível, mas profundamente ferida. E quanto a mim... bem, esse é outro livro. A questão é que história não é passado. Seus efeitos vivem no presente.

Entretanto, para aqueles que ainda pensam que *tá bom, tá bom, já chega*, eu disse anteriormente que ser branco não era apenas uma questão de cor de pele, mas sim de segurança. Isso é o que o privilégio branco representa. Branco realmente significa: seguro.

Então: quão seguros estão os judeus agora? Bem, aqui está uma tabela de um relatório da UE publicado em 2018:

	AT	BE	DE	DK	ES	FR	HU	IT	NL	PL	SE	UK	AV
Antissemitismo na internet, incluindo mídias sociais	**85**	**92**	**89**	**71**	**86**	**95**	**81**	**90**	**80**	**92**	**81**	**84**	89
Expressões de hostilidade contra judeus na rua ou em outros locais públicos	46	**81**	**80**	47	52	**91**	46	51	**71**	37	**69**	52	73
Antissemitismo na mídia	**51**	**84**	**68**	**51**	**85**	80	**69**	**73**	63	**73**	63	**61**	71
Antissemitismo na vida política	**63**	69	61	37	**66**	67	**74**	55	49	**77**	58	**84**	70
Vandalismo de edifícios ou instituições judaicas	31	68	61	45	45	**88**	35	48	57	39	60	45	66
Pichações antissemitas	36	64	53	28	54	83	58	**66**	38	71	48	45	64
Profanação de cemitérios judeus	40	53	61	20	31	83	53	51	37	51	48	45	63

Eu diria que essas são porcentagens bastante altas de coisas que, como judeu, eu consideraria distinguir-me como alguém que não está seguro. Da mesma forma, em 2018, 60% de todos os crimes de ódio com motivação religiosa nos Estados Unidos foram perpetrados contra judeus (em contraste, 18,6% visavam muçulmanos). No entanto, não gosto muito de estatísticas – é difícil extrair qualquer realidade delas –, então aqui, de 2019, está uma coleção de especificidades que podem dar a essa sensação de insegurança uma realidade mais visceral:

Em Paris, um estudante foi espancado, no metrô, até ficar inconsciente por falar em hebraico ao telefone. Durante os protestos dos Coletes Amarelos na cidade, um escritor e filósofo foi atacado por multidões gritando "judeu sujo" e "sionista sujo de merda". Em Berlim, um adolescente foi estrangulado por três homens que gritavam insultos antissemitas contra ele. No Yom Kippur, um homem armado tentou, sem sucesso, entrar em uma sinagoga onde aproximadamente oitenta fiéis rendiam culto. Após a tentativa frustrada, o agressor atirou em indivíduos próximos, matando dois e ferindo outros dois, nenhum dos quais afiliado à sinagoga. Em Londres, um rabino foi hospitalizado após ser agredido por dois adolescentes que gritavam "Matem os judeus". Perto de onde moro, em Belsize Park, as lojas foram pintadas com estrelas de Davi e a legenda 9–11. Em Melbourne, um menino judeu foi forçado a beijar o sapato de um colega. Na Polônia, um cemitério judeu foi vandalizado com as palavras "judeus comem crianças". Em Amsterdã, no Bevrijdingsdag, o feriado nacional que comemora a libertação dos nazistas, um judeu foi agredido por foliões que cantavam canções sobre atacar judeus com gás. Em Moscou, uma *yeshiva*[41] foi incendiada. Em Istambul, uma sinagoga foi bombardeada. Na Ucrânia, pedras foram atiradas nas janelas das sinagogas. No final do ano, cinco pessoas foram baleadas e mortas em uma mercearia *kosher* em Jersey City, Nova York.[42]

Esse – um punhado de todos os incidentes – é o motivo pelo qual os judeus não se sentem brancos; se por branco você quer dizer seguro. E quanto a mim: não me senti branco quando, aos doze anos de idade, em uma nova escola, ouviu-se um professor dizer a meu respeito, venenosamente, "judeu", e outro professor responder: "Claro". Não me senti branco quando, amando T. S. Eliot, ainda adolescente, descobri que ele considerava os judeus inferiores aos ratos. Não me senti branco quando fui espancado por

---

41. Local onde os judeus se reúnem para estudar a Torá e as tradições rabínicas. (N. T.)

42. A propósito: costumava acontecer de a violência contra os judeus – embora ela pudesse ser minimizada ou desculpada por alguns da esquerda – ainda tender a ser perpetrada principalmente pela extrema direita. Agora – e eu diria em parte por causa de algo sobre o qual este livro trata: o posicionamento dos judeus como privilegiados/do lado do opressor – não é mais tão simples. Alguns desses ataques terão vindo da direita, mas alguns terão vindo de islâmicos, e os Coletes Amarelos cobrem um amplo espectro político, incluindo a extrema esquerda. Enquanto isso, os tiroteios em Jersey foram realizados por duas pessoas ligadas a um grupo chamado Black Hebrew Israelites [israelitas hebreus negros]. Como judeu, agora, você pode se sentir sob ataque de todos os lados.

skinheads em Londres, na década de 1970, por mais que depois eu convertesse isso em comédia. Não me senti branco quando um homem atrás de mim, em Stamford Bridge, gritou repetidamente "Fodam-se os merdas dos judeus!". Não me senti branco quando recebi tuítes furiosos para me dizer que o mural de Mear One não é antissemita, mas mostra justificadamente a "ganância sionista". E, à medida que os exemplos de judeus que não contam foram se acumulando, não me senti assim tão branco ao escrever este livro.

Um pós-escrito. Qualquer um que consiga ler as setecentas e vinte páginas do *Antkind* de Charlie Kaufman poderá perceber que o personagem principal alega, do início ao fim, que ele não é judeu. Isso invalida meu ponto de abertura?

Bem, não. Muito trabalho pesado está sendo feito nessa frase pela palavra "alega". O personagem principal segue a grande tradição de narradores não confiáveis. Ele se vê como extremamente progressista, mas, na verdade, seus pensamentos e ações, muitas vezes, o denunciam como o oposto. Da mesma forma, por meio de seus protestos regulares demais sobre sua não identidade judaica, não seria uma leitura radical imaginar que B. Rosenberger Rosenberg é claramente judeu, mas, como muitos judeus, conforme discutido nestas mesmas páginas, está em conflito, envergonhado e no armário sobre isso. Na verdade, ele está em conflito e envergonhado a respeito de sua identidade judaica em parte porque sabe que os judeus não se encaixam no círculo sagrado que os progressistas traçaram, o que ele chama de "desequilibrar o jogo do sofrimento hierárquico" (que ele faz questão de nunca perturbar). B. Rosenberger Rosenberg está desesperado, ao longo do romance, para identificar e solidarizar-se com mulheres, afro-americanos, transexuais, deficientes e outros que se encaixam no círculo sagrado – ele frequentemente deseja *ser* mulher, afro-americano, transexual ou deficiente –, e ainda assim, sua óbvia habilidade de se assumir como judeu é constantemente ignorada.

Como muitas declarações judaicas sobre a identidade judaica, a de Kaufman é complexa e cheia de camadas. É um dos temas recorrentes mais importantes e significativos em *Antkind*. Mas não é mencionado na crítica do *Observer* porque, bem, para usar uma expressão bastante utilizada, não se encaixa na narrativa. Ou para usar uma expressão menos utilizada, porque os judeus não contam.

CONCLUSÃO

30 de outubro de 2020

Este é um livro bastante tópico, o que é bom e ruim. É bom que se trate de um assunto atualmente muito em jogo no contexto cultural; é ruim que a paisagem esteja em processo de mudança contínua. Enquanto eu escrevia estas páginas, o Partido Trabalhista no Reino Unido vinha sendo investigado por antissemitismo por um órgão independente, a Comissão de Igualdade e Direitos Humanos [EHRC, na sigla em inglês], e eu literalmente havia acabado de entregar a versão final quando, em 30 de outubro de 2020, saiu o relatório: a merda de esquerda bateu no ventilador judeu, ou vice-versa, dependendo do ponto de vista.

O relatório foi condenatório. Ele encontrou várias evidências de assédio e discriminação antijudaica e concluiu que o partido falhou em fornecer medidas eficazes contra a "conduta antissemita" em geral. Jeremy Corbyn respondeu com uma declaração aceitando algumas das conclusões da EHRC, mas insistindo que a escala de antissemitismo no partido durante sua liderança havia sido exagerada por razões políticas. Corbyn foi, então, suspenso pela presente parte e, no momento em que escrevo, continua suspenso, embora muito dinheiro tenha sido despejado em um grande fundo legal estabelecido *on-line* para ele, que Corbyn pode ou não usar para abrir um processo contra essa suspensão nos tribunais.

Em termos deste livro, alguns podem dizer: "Então aí está – os judeus contam. Olhe para esse enorme alvoroço político sobre os judeus. Como você pode dizer que não?".

Bem, primeiro, é isso mesmo: um enorme alvoroço *político*. Com muito pouco do que você pode chamar de alvoroço das *pessoas*. Por cerca de cinco segundos, após a divulgação do relatório, houve uma sensação de alívio entre os judeus britânicos de que talvez, agora, o público em geral entendesse seus medos e ansiedades nos últimos cinco anos: que, em outras palavras, o efeito do relatório fosse ser colocar em foco a *vida* dos judeus e o real custo humano do racismo contra eles. Mas muito rapidamente, assim que Corbyn emitiu sua declaração, o antissemitismo voltou a ser o que tem sido ao longo desse processo: uma forma de expressar não seus sentimentos sobre a frágil experiência vivida pelos judeus, mas sua filiação política. Eu vi declarações postadas *on-line* de proeminentes progressistas, incluindo parlamentares, no sentido de que a suspensão de Corbyn foi *claramente* um ataque à esquerda. Essas declarações passaram muito rapidamente de um reconhecimento da boca para fora referente à seriedade das descobertas do relatório da EHRC para uma suposição de que, na verdade, os judeus, o antissemitismo, tudo isso era apenas um meio de se livrar do que restava da influência de Corbyn. Isso intensificou o que, como eu já disse nestas páginas, já existia, uma bifurcação da luta contra o antissemitismo em linhas políticas. Dizer, como Keir Starmer fez, que ele estava comprometido em erradicar o antissemitismo foi visto, bizarramente, como uma declaração de direita.

Isso tem o efeito, paradoxalmente, e apesar de todo o barulho em torno do assunto, de fazer os judeus – os verdadeiros indivíduos pegos no fogo cruzado – sentirem que contam ainda menos do que no início. Como, por exemplo, um judeu progressista, que pode apoiar a tentativa de livrar o Partido Trabalhista de elementos antissemitas, faz você sentir que sua realidade não faz parte dessa luta. Isso faz você se sentir, de fato, como se as pessoas pelas quais estão brigando não fossem você.

Também notei que intensificou o argumento central deste livro em torno da questão espinhosa da hierarquia dos racismos, e se tal coisa existe e pode ser discutida. No programa *Today*, no dia em que tudo isso estourou, Angela Rayner, a atual vice-líder do Partido Trabalhista, disse que Jeremy Corbyn era "um homem totalmente decente", mas com "um ponto cego absoluto e uma negação quando se trata de algumas dessas questões". Eu mesmo usei as palavras "ponto cego" nestas páginas, e não acho que seja totalmente errado usá-las para descrever o miasma progressivo em torno do antissemitismo: é o que quero dizer com passivo em oposição a ativo. Porém, a questão a esta altura não é se Corbyn e a equipe de liderança trabalhista de 2015-2019 eram realmente antissemitas ou se eram antissemitas por desatenção, mas sim, *de uma forma ou de outra*, o perdão progressista disso. Para não me alargar muito no assunto, se o ponto cego de Corbyn fosse sobre racismo em relação a minorias negras ou pardas – ou mesmo, digamos, pessoas trans, como a deputada trabalhista Rosie Duffield poderia demonstrar nas reações progressistas extremas e raivosas que ela teve apoiando J. K. Rowling contra alguns dos ataques que lhe foram dirigidos –, não acredito que algum progressista ainda o estivesse descrevendo, apesar disso, como uma pessoa totalmente decente. Vivemos em uma cultura na qual se alguém notável pecar contra um dos artigos de fé progressistas modernos, o restante de seu trabalho e caráter não será levado em consideração: tudo é substituído, pois tudo é, no jargão agora desgastado, cancelado. Não importa o quão decente e valioso fosse o trabalho e a vida de J. K. Rowling antes de ela se envolver no debate trans. Aqueles que a condenam não dizem que ela é uma pessoa totalmente decente com um infeliz ponto cego: ela agora está do lado errado da história, uma transfóbica ativa, uma pessoa ruim. Não ser antissemita, portanto, não é um desses artigos de fé.

Deixe-me colocar de outra forma. Uma das jornalistas e comentaristas mencionadas anteriormente neste livro, Hadley Freeman, tuitou em 30 de outubro de 2020:

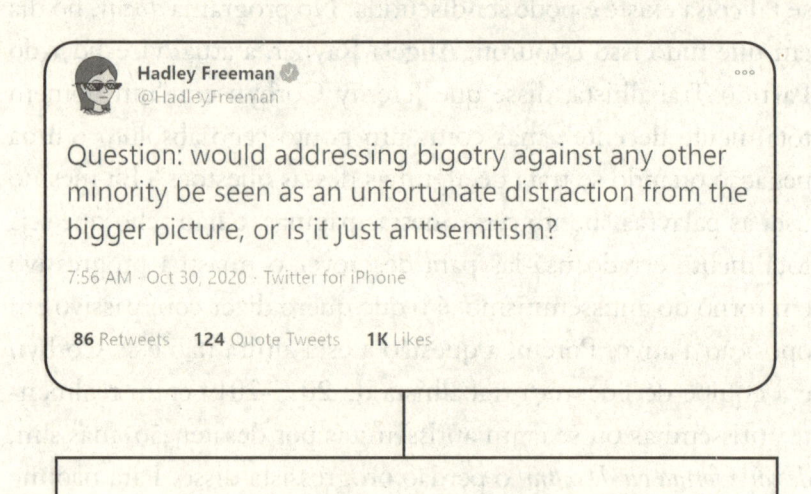

Logo depois, Ash Sarkar, outra jornalista e comentarista já mencionada, tuitou, aparentemente em resposta:

Ash Sarkar ✔ @AyoCaesar · Oct 30

There are serious discussions to be had about the dire lack of anti-racist literacy in politics, the way in which antisemitism shapes our culture, and the specific ways in which it's been embodied by those who hold left wing views.

But spare me the "any other minority" shite.

○ 87　　　　⇄ 164　　　　♡ 2.2K　　　　⬆

Ash Sarkar ✔
@AyoCaesar

Replying to @AyoCaesar

It is just a complete fiction to suggest that trans people, Muslims, black people, the GRT community, exist in some kind of privileged bubble in which harm against them is widely recognised, and their pain taken seriously.

Há discussões sérias a serem feitas sobre a terrível falta de alfabetização antirracista na política, a maneira como o antissemitismo molda nossa cultura e as maneiras específicas pelas quais ele foi incorporado por aqueles que têm pontos de vista de esquerda.

Mas me poupe da merda de "qualquer outra minoria".

———

É apenas uma ficção completa sugerir que pessoas trans, muçulmanas, negras, a comunidade cigana existem em algum tipo de bolha privilegiada na qual o dano contra elas é amplamente reconhecido e sua dor é levada a sério.

No estranho mundo do Twitter, o método de Sarkar é conhecido como *subtweeting*, ou seja, chamar a atenção para outra pessoa no Twitter sem mencioná-la pelo nome, e é bem possível que isso continuasse no próximo tuíte de Freeman:

Hadley Freeman ✅
@HadleyFreeman

Replying to @HadleyFreeman

I was angry & hurt when I tweeted this so I will rephrase it more precisely:
Would addressing bigotry against any other minority be seen BY THE SELF-DESCRIBED ANTI-RACIST LEFT as an unfortunate distraction from the bigger picture, or is it just antisemitism?

9:33 AM · Oct 30, 2020 · Twitter for iPhone

Eu estava com raiva e magoada quando tuitei isso, então vou reformular com mais precisão:
Abordar a intolerância contra qualquer outra minoria seria visto PELA AUTODESCRITA ESQUERDA ANTIRRACISTA como uma infeliz distração do quadro geral ou é apenas antissemitismo?

Então, para ser claro: essa é uma briga típica do Twitter, e o Twitter não é o mundo real, mas, politicamente, reflete uma versão do mundo real e os argumentos que o definem. E dentro do que trata este livro, esse argumento é importante. Sarkar está, é claro, correta. É uma ficção completa sugerir que todos os grupos minoritários que ela menciona são privilegiados e que sua dor é sempre levada a sério pelo mundo em geral. Não é uma ficção completa – daí a qualificação de Freeman – que sua dor e dano sejam levados mais a sério *pelos progressistas* do que os infligidos aos judeus. A própria Sarkar faz isso em seu artigo já citado, sugerindo que os judeus contemporâneos não sofrem, como outras minorias, de "aspectos de desapropriação material", o que, seja verdade ou não, sugere que ela acredita na existência de uma bolha privilegiada para judeus.

Mas há uma outra parte da resposta de Freeman que me toca: a referência à raiva e mágoa. Isso volta ao que eu disse anteriormente sobre o apagamento, em tudo isso, da experiência real dos judeus. Está claro para mim, mais claro desde que comecei a escrever este livro, que se você insinuar que os progressistas podem operar uma hierarquia inconsciente ou qualquer outra de racismos na qual o racismo antijudaico é colocado como uma preocupação menor do que outros, você será rapidamente acusado, pelos progressistas, de racismo. Ou, pelo menos, de minimizar as lutas de outras minorias. Na pior das hipóteses, há matizes nessa acusação de judeus operando um privilégio tipicamente judeu (leia-se, por meio dos Brancos de Schrödinger, privilégio branco), insistindo continuamente em seu lugar de direito no topo da fila da dor.

O ponto sobre essa acusação é que ela deixa os judeus que *sentem* a hierarquia dos racismos – que a veem e ouvem todos os dias no tipo de exemplos que começaram este livro segundo os quais os judeus não contam – sem ter para onde ir. E: muitos judeus são eles mesmos progressistas. Isso está no cerne de Hadley Freeman, a raiva e a mágoa da escritora do *Guardian*. Judeus progressistas, judeus que nunca iriam querer de forma alguma minimizar a luta de outras minorias, são intimidados a não falar sobre sua sensação de não serem cuidados por seus próprios camaradas por causa disso. Eles se sentem expulsos e alienados de seu lar espiritual, e nem sequer conseguem expressar isso por medo de serem acusados de racismo.

Houve outro *post* no Twitter que trouxe isso para mim de uma forma mais pessoal. No mesmo – fico tentado a dizer fatídico, mas isso soa meio bobo – dia, o ilustre ator britânico Robert Lindsay postou:

> **Robert Lindsay** ✔
> @RobertLindsay
>
> I can't help feeling @jeremycorbyn has been severely maligned.
> His political views in contrast to the current trend and his struggle with the media were never going to make him the PM but in comparison to the voices we are hearing now he certainly isn't racist
>
> 5:25 PM · Oct 30, 2020 · Twitter for iPad
>
> **1.1K** Retweets   **195** Quote Tweets   **6.3K** Likes

Não posso deixar de sentir que @jeremycorbyn foi severamente caluniado.
Suas opiniões políticas em contraste com a tendência atual e sua luta com a mídia nunca o tornariam o primeiro-ministro, mas em comparação com as vozes que ouvimos agora, ele certamente não é racista.

Um tuíte muito apreciado, como você pode ver. Vários tuiteiros judeus se opuseram, cautelosamente, mas Lindsay afastou a preocupação deles, dizendo: "(...) [eu não poderia] suportar ver este homem ridicularizado quando temos gente como Trump, Johnson, Farage e outros alimentando tanto ódio e divisão".

Claro, uma questão sobre Trump, Johnson, Farage, no que diz respeito aos progressistas, é que eles são racistas. O fato de que os judeus pudessem pensar a mesma coisa sobre Corbyn, claramente, para Lindsay, não era para ser levado a sério. Mas não quero apenas dar outro exemplo de um progressista cuja preocupação com a experiência de racismo da maioria das minorias não se alinha com sua preocupação com os judeus. Eu quero te dizer como isso me fez sentir. Porque, quando eu era jovem, Robert Lindsay atuava em uma sitcom da BBC chamada *Citizen Smith*. Foi o que o tornou famoso. Ele estava completamente brilhante interpretando Wolfie Smith, um jovem esquerdista independente que, embora ingenuamente sempre lutasse por causas perdidas no subúrbio de classe média baixa de Londres nos anos 1970, ainda era um herói. Ele era, definitivamente, para este jovem judeu de esquerda, que também vivia na época no subúrbio de classe média baixa de Londres, um herói.

É óbvio que eu sei que se tratava de um ator interpretando um papel. Sei que foi há cinquenta anos. Ainda assim, ao perceber que para Wolfie Smith os judeus não contam, uma pequena parte de mim morreu.

Agradecimentos

Eu gostaria de agradecer, por toda sua ajuda na criação deste livro, a: Rozalind Dineen, Stig Abell, David Roth-Ey, Myles Archibald, Iain Hunt, Ellie Game e Georgia Garrett.

LEIA

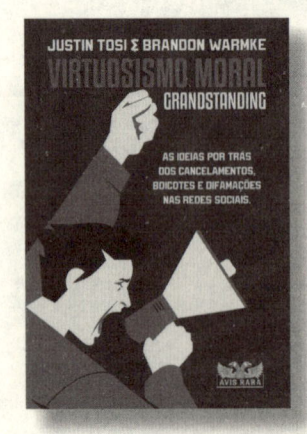

TAMBÉM